MINISTÈRE DU COMMERCE, DE L'INDUSTRIE
ET DES COLONIES

EXPOSITION UNIVERSELLE INTERNATIONALE DE 1889
À PARIS

RAPPORTS DU JURY INTERNATIONAL

PUBLIÉS SOUS LA DIRECTION

DE

M. ALFRED PICARD

INSPECTEUR GÉNÉRAL DES PONTS ET CHAUSSÉES, PRÉSIDENT DE SECTION AU CONSEIL D'ÉTAT
RAPPORTEUR GÉNÉRAL

CLASSE 42. — **Produits des exploitations et des industries forestières**

RAPPORT DE M. ANDRÉ OUVRÉ

DÉPUTÉ

PARIS

IMPRIMERIE NATIONALE

M DCCC XCI

CLASSE 42

Produits des exploitations et des industries forestières

RAPPORT DE M. ANDRÉ OUVRÉ

MINISTÈRE DU COMMERCE, DE L'INDUSTRIE
ET DES COLONIES

EXPOSITION UNIVERSELLE INTERNATIONALE DE 1889
À PARIS

RAPPORTS DU JURY INTERNATIONAL

PUBLIÉS SOUS LA DIRECTION

DE

M. ALFRED PICARD

INSPECTEUR GÉNÉRAL DES PONTS ET CHAUSSÉES, PRÉSIDENT DE SECTION AU CONSEIL D'ÉTAT

RAPPORTEUR GÉNÉRAL

CLASSE 42. — **Produits des exploitations et des industries forestières**

RAPPORT DE M. ANDRÉ OUVRÉ

DÉPUTÉ

PARIS

IMPRIMERIE NATIONALE

M DCCC XCI

COMPOSITION DU JURY.

MM. CHAMBRELENT (J.), *Président*, inspecteur général des ponts et chaussées .... France.

EGEBERG (Einar W.), *Vice-Président*, négociant à Christiania ..... Norvège.

OUVRÉ (André), *Rapporteur*, négociant en bois de charpente et bois à brûler, conseiller général de Seine-et-Marne .... France.

HOLLANDE (Jules), *Secrétaire*, négociant importateur, membre du jury à l'Exposition de Barcelone en 1888 .... République Dominicaine.

REBATTU (Amédée), propriétaire des forêts de Beni-Salah (Bône), président du syndicat des concessionnaires forestiers d'Algérie, membre du jury des récompenses à l'Exposition de Paris en 1878 .... Algérie.

SARLAT, député, membre de la Commission d'organisation de l'Exposition coloniale.................................... Colonies.

GALLARDO.. République Argentine.

DROUARD .... République Argentine.

ALBUQUERQUE (le baron d') .... Brésil.

JORDANA Y MORERA (José), ingénieur....................... Espagne.

RODRIGUEZ (Léopold)................................. Guatémala.

CRESPO Y MARTINEZ (Giberto)........................... Mexique.

CHESNAY (Ém.)..................................... Nicaragua.

CADIOT (Ch.)....................................... Paraguay.

PERY (Gerardo Augusto), directeur des travaux de la carte agricole du royaume .... Portugal.

FESSART, inspecteur des eaux et forêts..................... Roumanie.

FRENCKEL (T. DE), membre de la commission .... Finlande.

ALVARADO (Cypriano)................................. Vénézuéla.

DAUBRÉE, directeur des forêts au ministère de l'agriculture .... France.

JOUBAIRE, inspecteur général des forêts..................... France.

VIGUÈS, négociant en bois, médaille d'or à l'Exposition d'Anvers en 1885 .... France.

ANGENOT (G.), *suppléant*, professeur à l'Institut supérieur du commerce... Belgique.

ARGANDONA (Manuel), *suppléant* .... Bolivie.

CAHN (David), *suppléant*.............................. États-Unis.

LAZARD (Simon), *suppléant*............................ Salvador.

SAMSON, *suppléant*, négociant en matières tannantes, juge suppléant au tribunal de commerce de la Seine.................... France.

PRODUITS DES EXPLOITATIONS
ET DES INDUSTRIES FORESTIÈRES.

Le jury de la classe 42, qui nous a nommé rapporteur de ses opérations, avait à examiner les exploitations et les industries forestières non seulement de la France, mais encore de toutes les nations étrangères qui ont fait à notre pays l'honneur de nous apporter les produits de leurs belles forêts et ceux des industries qu'ils ont si largement développées.

Nous avons compris les devoirs que nous imposait une mission aussi honorable que celle qui nous était confiée; nous avons cherché à la remplir avec tout le zèle et tout le dévouement que nous devions aux nombreux exposants français et étrangers entrés en lice.

Le nombre des exposants de la France a été de 200.

Celui des nations étrangères de 749, dont grand nombre d'exposants particuliers compris dans les collectivités.

Le jury a examiné tous les produits exposés; mais, pour procéder à cet examen avec le plus de soin et d'impartialité possibles, il s'est divisé en quatre sous-commissions spéciales chargées d'étudier les produits rentrant dans la compétence de chacune et avec mission de soumettre au jury tout entier un compte rendu des expositions visitées.

Ces comptes rendus de chaque sous-commission ont été examinés par le jury dans des réunions plénières, et nous devons constater que c'est toujours en parfait accord, nous pourrions presque dire à l'unanimité, que les décisions ont été prises pour chacun des exposants qui ont été jugés dignes d'une récompense.

Nous présenterons, ci-après, des rapports individuels pour chacun des exposants que le jury a cru devoir distinguer plus particulièrement.

Mais, avant de produire ces rapports individuels, nous croyons utile de jeter un coup d'œil d'ensemble tant sur la généralité des produits que nous avons été chargé d'apprécier, que sur la situation actuelle des exploitations et des industries forestières et sur leur situation à venir.

Le jury de 1855, qui avait fait une étude si remarquable sur la question forestière en France et à l'étranger à cette époque, s'exprimait ainsi :

La main de l'homme a tellement et si longtemps usé sans prévoyance des trésors de la nature que la plus grande préoccupation des sylviculteurs, la question qui devrait le plus attirer l'attention des gouvernements, c'est le reboisement, la reproduction de ces forêts inconsidérément ravagées.

Nos sociétés humaines ont usé ce sol qui les a nourries depuis des siècles. Depuis longtemps, incapables de trouver en Europe les quantités de bois nécessaires aux besoins de la civilisation, les nations vont enlever aux pays lointains les riches produits de leur sol vierge ou peu habité, et, cependant, le déboisement, la destruction imprévoyante de cette œuvre des siècles qu'on nomme *les bois*, ne s'est pas arrêtée sur ce sol appauvri; le mal est aussi menaçant qu'il l'a jamais été.

La conséquence de cette funeste destruction n'a pas été seulement la disette des bois, mais le climat, les conditions météorologiques et physiques dans nos contrées en ont reçu de graves altérations, et tous les hommes qui, préoccupés de l'avenir, se sont pris à réfléchir sur le présent, ont regretté nos vieilles forêts et ont vu avec effroi défricher successivement les derniers débris qui en eussent encore été épargnés.

Tel est l'exposé de la situation décrite, il y a trente-quatre ans, par une commission qui comptait dans son sein les savants et les administrateurs les plus compétents de cette époque et notamment l'ancien directeur général des forêts, M. Vicaire, qui a laissé un nom éclatant parmi les anciens chefs de l'administration forestière en France.

Qu'est devenue la situation forestière depuis 1855? C'est un devoir pour le jury de 1889 de le rechercher en comparant; et, nous sommes heureux de dire, dès le début, que le résultat de la comparaison est des plus avantageux pour la France.

A la vérité nous avons été, avant tout, frappé des magnifiques expositions présentées par les gouvernements du Paraguay, du Portugal, du Brésil, de la République Argentine et du Mexique; le jury n'a pas hésité à leur accorder un grand prix, la plus haute récompense dont il pouvait disposer; nous ferons sur les expositions de chacun de ces États un rapport spécial.

Les vieilles forêts du nord de l'Europe nous ont envoyé aussi des bois de grande valeur.

Nous avons été très heureux de constater la façon intelligente dont M. Egeberg, notre honorable vice-président, grand propriétaire, à Christiania, et grand exportateur de bois de Norvège, a su aménager ses forêts et les exploiter sans les détruire.

Nous avons pu juger de la valeur des produits par les bois de construction qu'il a exposés tout travaillés sous forme d'une façade de grenier à sel d'une architecture absolument nationale.

Mais, M. Egeberg, lui-même, reconnaît de plus en plus fondées les craintes exprimées en 1855 sur la décroissance des forêts de cette partie de l'Europe.

Dans une note, qu'il a bien voulu nous remettre, il dit que l'exploitation des bois dépasse de beaucoup l'accroissement des forêts du pays et que la consommation augmente dans des proportions considérables. (Une revue américaine qui traite des questions forestières prétend que la consommation des bois dans le monde entier a augmenté de 50 p. 100 depuis 1850.)

Cette réduction continue des forêts dans le nord de l'Europe est d'autant plus funeste pour le pays que la végétation forestière y est des plus lentes.

La France n'est pas menacée, sous ce rapport, comme le sont les forêts de Suède et de Norvège.

Les forêts de l'Algérie se développent de plus en plus; la grande forêt de l'Oued Soudan des Beni-Salah, d'une étendue de 8,350 hectares, sous la direction fort intelligente de M. Rebattu, l'un des principaux exposants de la classe et l'un des membres du jury, est aujourd'hui l'objet d'une exploitation des mieux dirigées et des plus fructueuses au point de vue de l'intérêt général du pays.

D'autres forêts fort étendues sont exploitées avec succès dans notre vaste colonie française; de nombreux débouchés se sont ouverts, des constructions importantes en rapport avec les besoins du pays se sont édifiées.

Grâce aux efforts de M. Rebattu, les bois de chênes zéens qui avaient été considérés, dans le principe, comme inutilisables par suite de leur tendance excessive à se fendre et à se voiler et de la difficulté de les travailler, servent, aujourd'hui, à la fabrication des tonneaux et des vaisseaux vinaires nécessaires pour satisfaire à la grande production de vins que les efforts de la France sont parvenus à créer dans notre colonie algérienne. Nous parlerons dans nos rapports spéciaux de la situation forestière de la Tunisie.

En France même, ainsi que nous avons pu le constater sur la carte très instructive exposée au pavillon forestier et dont nous reparlerons dans notre rapport sur ce pavillon si justement admiré, comme on le verra, également, dans notre rapport sur l'exposition des produits de la mise en valeur des landes de Gascogne, de nouvelles forêts ont été créées depuis 1850 sur une étendue de 800,000 hectares environ de terres incultes, ce qui a plus que doublé la surface des forêts de la France, dont les produits sont exportés, aujourd'hui, dans toutes les parties du monde.

Il a donc été répondu, à cet égard, dans une large mesure au désir et aux prévisions exprimés par le jury de 1855 de voir se développer les plantations forestières en France sur les terres incultes que nous avons encore dans l'intérieur du pays.

Un des points qui a le plus frappé le jury en examinant les bois des Landes, c'est leur rapide croissance. Des graines semées en 1850 avaient donné en 1889, après trente-neuf ans de croissance, des arbres de 19 mètres de hauteur et de plus de 1 m. 50 de circonférence. Il faut de cent cinquante à deux cents ans, nous ont dit les forestiers du Nord, pour obtenir dans leurs pays des arbres de cette dimension que les Landes produisent dans le quart de ce temps. Notre production est donc quadruple de la leur pour une surface égale de terrains.

Les soins spéciaux donnés aux forêts de l'Algérie et la création de 800,000 hectares de forêts sur le territoire de la France qui, par un aménagement bien entendu, peuvent donner un produit annuel de 3 millions de tonnes de bois, sans réduire en rien la surface forestière dans l'avenir, nous mettent à l'abri des craintes signalées par les étrangers pour leurs forêts.

C'est là un résultat que le jury de la classe 42 a été d'autant plus heureux de constater qu'il est dû, en partie, à l'intelligente initiative et à la persévérance de son infatigable président, l'honorable M. Chambrelent, pour lequel il a demandé à l'unanimité la croix de commandeur de l'ordre national de la Légion d'honneur.

Nous allons, maintenant, passer à l'examen détaillé des produits des exposants récompensés.

RÉCOMPENSES ACCORDÉES.

La classe 42 comptait 949 exposants.

429 récompenses ont été accordées, savoir :

Grands prix	9
Médailles d'or	64
Médailles d'argent	127
Médailles de bronze	107
Mentions honorables	98
Médailles de collaborateurs	24

En outre, les exposants dont les noms suivent sont hors concours : MM. CHAM-BRELENT, VIGUÈS, REBATTU, HOLLANDE, POSTEL, EGEBERG.

La liste complète des récompenses ayant été publiée officiellement, il nous paraît inutile de la reproduire ici. Nous ne parlerons que des exposants qui ont été particulièrement distingués par le jury.

FRANCE.

HORS CONCOURS.

M. Chambrelent, inspecteur général des ponts et chaussées,
rue du Four-Saint-Germain, 57, à Paris.

L'exposition des produits de la mise en valeur des landes de Gascogne, faite par M. l'inspecteur général Chambrelent, comprend de forts beaux spécimens de bois de chêne et de pin maritime provenant des forêts créées dans le pays d'après les méthodes indiquées par l'auteur et qu'il a appliquées lui-même.

Nous n'avons plus, aujourd'hui, à apprécier les méthodes d'assainissement et de culture préconisées par l'apôtre éclairé et le vulgarisateur éminent auquel 200,000 Français doivent la richesse et la santé, et à qui le pays doit la transformation de deux départements incultes en une magnifique région boisée qui s'étend, sur 800,000 hectares, de l'Adour à la Gironde.

Cette appréciation a été faite en 1855 par le jury de l'Exposition de cette époque, qui a déclaré que M. Chambrelent avait donné la solution d'un problème d'intérêt général.

Nous avons à reconnaître si cette appréciation a été justifiée depuis les trente-quatre années écoulées, et à juger de la beauté et de l'importance des produits exposés et de leur utilisation industrielle ou commerciale; nous les étudierons en suivant l'ordre dans lequel ils apparaissent dans les exploitations successives ou périodiques établies aujourd'hui dans le pays.

Les spécimens de produits sont représentés d'abord par huit grands pins maritimes de 19 m. 50 de hauteur, mesurant 0 m. 55 de diamètre et sur lesquels on peut constater la régularité des pousses annuelles; ils proviennent de semis de 1850. Ces pins servent à l'ornementation de la façade de la classe 42.

Des chênes de semis de 1853 présentent des hauteurs de 17 mètres et une circonférence de 1 m. 10 à la base.

Des rondelles de pin et de chêne font voir la vigueur et la fixité des zones d'accroissement.

Comme produits fabriqués nous examinons :

1° Des échalas provenant des premiers nettoiements, vendus, légèrement blanchis, 60 francs le mille, à Bordeaux, et 92 francs, rendus à quai, à Palerme.

2° Des perches ou étais de mines livrés bruts ou planés.

La perche à mine brute ou sans écorce est destinée à l'Angleterre qui la prend comme fret de retour sur les goélettes qui ont amené le charbon à Bordeaux. La quantité exportée est de 200,000 à 300,000 tonnes; on les vend débitées aux longueurs de 2 mètres, 2 m. 30, 2 m. 60 avec un diamètre minimum de o m. 08 au petit bout.

Le prix est de 4, 5, 6 et 8 francs la tonne, suivant la proximité du port d'embarquement.

La perche à mine écorcée ou planée, employée généralement en France et en Belgique, a une grosseur minimum de o m. 12 et 2 mètres, 2 m. 30, 2 m. 60 et 3 mètres de longueur; elle se vend au mètre courant et vaut o fr. 14, o fr. 16 et o fr. 18 le mètre.

Ces étais sont préférés parce que, poussés plus rapidement, ils sont plus élastiques et, par suite, moins cassants.

3° Les poteaux télégraphiques en bois non gemmés ont les longueurs suivantes :

6 mètres, valant le poteau	1f50
8 mètres, —	2 00
10 mètres, —	2 50 à 3f
12 mètres, —	3 50 à 4f
15 mètres, —	5 00

En 1886, la quantité exportée a été de 80,000.

Ils sont très recherchés en raison de leur grande rapidité de végétation qui, les rendant plus poreux, permet une plus complète absorption du sulfate de cuivre.

4° Les traverses de chemin de fer, en chêne et en pin, du profil ordinaire (o m. 26 de largeur et o m. 13 de plate-forme), valent, suivant leur longueur :

Celles en pin...	de 2 m. 80	2f à 2f25
	de 2 m. 70	1 50
	de 1 m. 80	o 75
Celles en chêne.	de 2 m. 80	5 00
	de 2 m. 70	4 25
	de 1 m. 80	2 25

En 1886, 1,885,000 de ces traverses ont été exportées; elles sont utilisées non seulement pour les chemins français, mais pour l'Espagne, la Tunisie, le Brésil, l'Uruguay et le Congo.

5° Les planches de pin, en bois de choix, sciées à vive arête sur o m. 30 de largeur, o m. 04 d'épaisseur et 2 m. 33 de longueur, valent de 70 à 75 francs le cent.

Celles de 2 mètres de longueur sur o m. 03 d'épaisseur et o m. 25 de largeur, valent 50 francs le cent, etc.

6° Les frises de pin gemmé, que leur belle coloration fait rivaliser avec le pitch pin, valent 2 fr. 25 le mètre superficiel ou 1 fr. 50 en pin non gemmé.

7° La cardine ou planche à double fût.

8° Les planches pour caisses à vin, vendues brutes :

	Les 100 caisses.
Caisse de 12 bouteilles	45 francs.
Caisse de 24 bouteilles	140
Caisse de 48 bouteilles	230

Les planches blanchies pour caisses à cognac :

	Les 100 caisses.
Caisse de 12 bouteilles	85 francs.
Caisse de 24 bouteilles	170
Caisse de 40 bouteilles	270

Les caisses à sucre :

	Les 100 caisses.
Caisse de 10 kilogrammes	24 francs.
Caisse de 25 kilogrammes	40
Caisse de 50 kilogrammes	63

Les caisses à savon, expédiées à Marseille, sont confectionnées avec la planche de rebut; elles ne valent guère que 35 à 40 francs le cent.

9° Les madriers pour pavés de bois ont une épaisseur de 0 m. 08 sur une largeur de 0 m. 17 à 0 m. 23 et une longueur de 2 mètres.

Ils sont achetés 42 francs le mètre cube en gare d'Orléans, par la Société du pavage en bois, qui les découpe et les créosote dans ses ateliers.

Ce débouché peut avoir une influence considérable sur le commerce landais.

La ville de Paris, qui n'employait que du sapin du Nord ou du pitch pin, emploie, depuis l'année 1884, le pin maritime pour l'exécution d'une partie de ses pavages.

45,000 mètres cubes de ces pavés ont été envoyés à Buenos-Ayres pour le même emploi.

Ces pavés, imprégnés de résine, sont moins sujets à la pourriture et sèchent beaucoup plus vite, leur texture étant réfractaire à l'absorption de l'eau.

Leur prix est, d'ailleurs, beaucoup moindre.

a pâte à papier, utilisation si importante des déchets et même des premières éclaircies, provient de l'usine de Mios (Landes) qui consomme 10 tonnes de bois sec par jour et expédie 100,000 kilogrammes de pâte par mois.

Le papier, figurant à côté de cette pâte, vient de la grande usine de la Haie-Descartes (Indre-et-Loire).

Le jury a cru devoir entrer dans ces détails de production et de prix peu élevés pour donner une idée des grands résultats acquis. Ils ont été tels que les produits créés ont été répandus dans toutes les parties du monde et continuent à s'y répandre de plus en plus.

En signalant, en 1855, l'importance des efforts alors tentés par M. Chambrelent, le jury constatait la pénurie des bois en France et l'obligation de plus en plus grande où le pays était d'aller les chercher à l'étranger; aujourd'hui, le sol, précédemment le plus inculte du territoire français, non seulement répond aux besoins de la France, mais fournit aussi abondamment l'étranger.

On peut juger par là, d'après ce que nous avons dit au commencement de notre rapport sur le décroissement menaçant des bois dans l'avenir, quelle est la portée des services rendus dans les Landes.

Le Conseil général de la Gironde a déclaré que la mise en valeur des Landes était un des grands faits de l'époque actuelle, dont nous célébrons, aujourd'hui, le centenaire.

Le jury de 1889 a reconnu aussi, tout entier, l'importance des services rendus depuis 1867.

Le vice-président de notre jury, M. Egeberg, grand négociant en bois dans la Norvège, a fait ressortir, dans la séance du 25 juillet qu'il présidait, les grands services rendus par M. Chambrelent. Il a rappelé combien lui et ses collègues étrangers avaient été frappés, en examinant la grande carte forestière de la France, au pavillon du Trocadéro, de voir que la vaste étendue de forêts créée dans les Landes occupait la plus grande étendue de bois du pays, et il a demandé, en son nom comme au nom de ses collègues, qu'en raison des services rendus, M. Chambrelent fût élevé au grade supérieur à celui qu'il occupe, depuis plus de trente-quatre ans, dans l'ordre national de la Légion d'honneur.

Le jury de la classe 42 s'est associé, à l'unanimité, à la demande de M. Egeberg, et a décidé que le vœu qu'il exprimait serait signé par tous les membres et adressé à M. le Directeur général de l'Exposition pour être présenté à qui de droit.

M. Viguès (*Gustave*), *chevalier de la Légion d'honneur, négociant en bois des îles,* rue du Faubourg-Saint-Antoine, 59, à Paris.

L'exposition de M. G. Viguès est une des principales attractions de la classe 42.

Cette maison, la plus ancienne de la place et dont l'origine remonte à 1816, a été fondée par le grand-père de son chef actuel.

Le but recherché et atteint par M. G. Viguès est de démontrer ce qu'il est possible d'obtenir avec des feuilles de placage en étudiant soigneusement les dessins et les divers raccords donnés par la disposition de leurs veines et les originalités dont la nature les a abondamment pourvues; d'indiquer aux fabricants de meubles tout ce qu'ils peuvent tirer, comme effets décoratifs, dans l'exécution de leurs meubles des bois provenant de nos colonies et des pays tropicaux que les rapports de la maison Viguès avec ces contrées ont contribué puissamment à vulgariser en France.

Nous avons surtout remarqué un panneau composé de cent seize essences différentes et qui peut être considéré comme le répertoire des bois et le guide de l'ébéniste et du marqueteur.

Au reste, le fini du travail et le bon goût ne pouvaient faire défaut à la maison Viguès dont le chef actuel, après avoir obtenu les plus hautes récompenses à toutes les expositions internationales qui ont eu lieu depuis dix ans, a été nommé membre du jury, hors concours aux Expositions internationales de Liverpool en 1886, du Havre en 1887 et à l'Exposition universelle de 1889.

M. Rebattu (*Amédée*), *président de l'Union des propriétaires forestiers en Algérie.*

(Chevalier de la Légion d'honneur (décret du 13 juillet 1881), vice-président du jury des récompenses à l'Exposition universelle de 1878, membre du jury en 1889.)

M. Rebattu, administrateur-délégué de la Société de l'Oued Soudan des Beni-Salah, dirige, depuis 1868, l'exploitation du domaine d'une étendue de 8,356 hectares, peuplé de chênes-lièges et de chênes zéens, et situé à l'est du département de Constantine, à une faible distance de la frontière de la Tunisie.

Pendant bien des années, le pays des Beni-Salah a été le théâtre d'insurrections, sa population passait pour être ingouvernable; elle vit paisiblement, aujourd'hui, son aisance s'accroît du salaire que lui assure l'exploitation de l'Oued Soudan.

Outre les travaux considérables de mise en valeur au point de vue forestier, la culture de la vigne, celle des céréales, etc., ont été introduites sur la propriété, des constructions importantes, en rapport avec les besoins d'un personnel éloigné de tout centre de population ont été édifiées.

Plus de 80 kilomètres de routes et chemins ont été ouverts sur le domaine et sont bien entretenus. Indépendamment de la culture du liège, M. Rebattu s'est attaché à mettre en relief le parti qu'il est possible de tirer des chênes zéens considérés, jusqu'à ce jour, comme inutilisables; il expose des tonneaux, des merrains faits de bois de cette essence très abondante en Algérie et qui, jusqu'ici, n'avait trouvé que rarement son emploi dans la fabrication des traverses de chemins de fer.

RÉPUBLIQUE DOMINICAINE.

M. Hollande (Jules), 51, rue de Charenton, à Paris.

M. Hollande, établi à Paris depuis 1867 et chef unique de sa maison depuis 1881, a été membre délégué du comité d'organisation de l'exposition dominicaine à laquelle il a prêté son concours le plus actif.

Quoique nous n'ayons à parler de lui que comme exposant de bois d'ébénisterie et comme négociant s'occupant exclusivement du commerce de ces bois, nous devons signaler la parfaite union qui a existé entre lui et M. Auguste Postel, et qui a eu pour effet de réaliser de la manière la plus efficace la mission que ce dernier s'était donnée.

Opérant à Paris, M. Hollande s'est appliqué à s'inspirer des besoins des clients, pour guider ensuite la maison Postel au point de vue des qualités de bois qu'il convenait de faire venir de préférence.

Ces précieuses indications suivies scrupuleusement n'ont pas peu contribué à la faveur dont jouissent en France les acajous en fourches et en billes, les espénilles, les gaïacs et autres essences forestières de la République Dominicaine.

M. Postel (Auguste) et ses fils, au Havre (Seine-Inférieure).

MM. A. Postel et ses fils, du Havre, figurent à l'exposition dominicaine comme importateurs des divers produits du pays.

Nous mentionnerons d'une manière spéciale les bois d'ébénisterie et de teinture qu'ils ont exposés.

C'est à cette maison que l'on doit, en grande partie, l'importation suivie en France des bois d'acajou de Saint-Domingue, si connus et si appréciés.

C'est grâce à elle et à quelques autres négociants du Havre faisant le même genre d'affaires, à leurs relations si étendues, aux crédits importants qu'ils n'ont pas hésité à faire aux colonies et aux Républiques des Antilles que le port du Havre est devenu et restera le grand marché des bois d'ébénisterie et de teinture en France.

M. A. Postel est depuis vingt-cinq ans consul de la République Dominicaine au Havre.

En cette qualité, il a puissamment contribué au développement des affaires entre ce pays et la France, et à l'éclosion des vives sympathies qu'il vient d'affirmer en prenant une part des plus actives à notre belle Exposition.

NORVÈGE.

M. Egeberg (Einar), à Christiania (Norvège).

M. Einar Egeberg appartient à une des plus anciennes familles de la Norvège; il a commencé, vers 1840, l'exportation en France des bois du Nord bruts et travaillés.

Il a su, par son énergie, son habileté et sa haute équité, garder une position sociale et commerciale exceptionnelle et traverser les crises les plus difficiles en conservant intacte son importante situation.

Dans l'exploitation des forêts, il a montré une entente parfaite des besoins de son industrie et de la reproduction des richesses forestières dont il a accru les produits alors que d'autres détruisaient les plus belles forêts et portaient un coup des plus sensibles à la richesse sylvestre de leur pays.

Il expose une façade de grenier à sel avec péristyle et porche en madriers assemblés dont l'architecture est remarquable par un caractère très accusé de nationalité.

Ce travail est des plus intéressants et les matériaux en sont d'une irréprochable qualité.

M. Egeberg est hors concours comme membre du jury.

EXPOSANTS RÉCOMPENSÉS.

FRANCE.

GRANDS PRIX.

ADMINISTRATION DES FORÊTS, Pavillon forestier.

La construction complète du pavillon des forêts qui s'élève sur les pentes du Trocadéro a été exécutée en entreprise générale par la maison Lecœur et C⁰, sous la haute direction de l'éminent conservateur des forêts, M. de Gayffier, qui avait déjà, en 1878, fait construire le pavillon de l'administration forestière, et de M. Lucien Leblanc, architecte.

Ce chalet, placé sur un remblai de 1,500 mètres cubes, est supporté par quatre cents pieux-pilotis dont les têtes sont réunies par de forts plateaux de 0 m. 15 × 0 m. 30 ; il est construit entièrement en bois naturel, en branches diversement sciées, le tout revêtu de son écorce et agencé de façon à produire une décoration parfaitement naturelle.

Cette construction se composant d'encorbellements successifs présentait d'assez grandes difficultés.

Tous les bois employés proviennent des forêts de l'État; il entre dans la construction plus de 1,400 mètres cubes de bois.

La forêt de Fontainebleau a fourni principalement tous les bois de charpente et de construction proprement dits, tels que chênes, sapins, pins sylvestres, épicéas, pins maritimes, grisards.

La forêt de Montceau a fourni les hêtres, bouleaux, ormes, aliziers, cormiers, charmes, merisiers; en somme, les fûts les plus beaux et les plus rares qui ont servi à former les colonnes isolées.

La forêt de Meudon a fourni les châtaigniers.

Celle de Compiègne les peupliers.

Enfin des pins sont venus des Vosges et les pins maritimes des Landes.

Les débits, ainsi que l'agencement des panneaux sous écorces, ont été faits sur place au chantier de la Croix de Toulouse, dans la forêt de Fontainebleau, sous l'habile direction de M. Souc, conducteur des travaux.

Le montage définitif a été fait au Trocadéro par des ouvriers spéciaux. La moyenne des hommes occupés à ce travail a été de 110 à 120 tant charpentiers que menuisiers, rustiqueurs, couvreurs, terrassiers, etc.

La construction de ce pavillon a duré cinq mois et demi.

Les transports des bois en grume exigeaient les plus grands soins, et pour les chargements et les déchargements on ne pouvait employer que des chaînes de paille pour éviter d'abîmer les écorces.

Les bardeaux composant la toiture, au nombre de 28,000, furent fendus à Fontainebleau par des ouvriers spécialistes.

Quelques mots maintenant sur l'aménagement intérieur de ce chalet.

Au rez-de-chaussée une galerie couverte précède les portes et entoure trois faces du bâtiment.

Les côtés et le plafond de cette galerie sont faits de branches juxtaposées, entrecoupées, çà et là, de fragments d'écorce ou de bois naturel, formant des panneaux à dessins variés qui font très bel effet.

On remarque sous cette galerie de belles rondelles découpées et une souche d'arbre préhistorique. A l'intérieur, c'est un véritable musée du bois.

Des échantillons et des collections magnifiques réunis par les soins des agents forestiers, montrent tous les produits des forêts et tout ce que l'industrie peut en tirer.

Toutes les essences s'y trouvent groupées par ordre naturel et selon les familles végétales.

M. Arbey, constructeur à Paris, expose un outillage spécial pour les grandes exploitations forestières. Sa machine à scier les arbres sur pied est très intéressante, mais elle n'a d'utilité vraiment pratique que pour les exploitations à blanc.

Au premier étage on remarque un herbier appartenant à M. Le Paute, conservateur des forêts, donnant, sous forme de cadres, le bois, l'écorce, la fleur, la feuille et le fruit de chaque essence.

Une très intéressante collection de photographies des essences forestières exotiques réunie par les soins de M. de Gayffier. Les spécimens pour chaque espèce sont de grandeur naturelle et chaque cadre donne le lieu d'origine et la date d'introduction.

Des échantillons de bois sains et de bois malades présentés par M. Boppe, sous-directeur de l'École forestière de Nancy.

Une très riche collection due à M. d'Arbois de Jubainville, conservateur des forêts à Épinal, contenant toutes les espèces de champignons parasitaires qui attaquent et tuent le plus souvent les diverses essences forestières.

Une collection des insectes nuisibles, réunie par M. Henry, montrant pour chaque essence les dégâts causés par ces insectes.

Une série de cartes présentées par M. Thil, inspecteur des forêts, montrant l'importance et la répartition des diverses essences forestières sur le territoire de la France.

Une carte de France, dressée par le Service central du Ministère de l'agriculture, donnant la répartition, sur le territoire, des forêts de l'État, des communes et des particuliers.

Une collection fort intéressante et présentant un grand intérêt scientifique de sections microscopiques des diverses plantes ligneuses des forêts. Ces sections au nombre de 300 ont été exécutées par M. Deyrolle et forment deux cadres de façon à être vues par transparence. On peut ainsi voir et étudier tous les détails des tissus ligneux. Ces sections ont, de plus, été agrandies photographiquement à 25 diamètres par un amateur érudit, M. Thouroude, qui a acquis, dans ce genre de travaux, une notoriété toute spéciale.

Une collection de bois pétrifiés et fossiles.

De nombreux échantillons de soie française, présentés par M. du Vivier, obtenus du bois au moyen de procédés chimiques.

Des germinateurs envoyés par l'École forestière secondaire des Barres (Loiret) qui permettent de faire connaître rapidement la valeur marchande des échantillons et rendent les meilleurs services.

Une collection des divers produits extraits des carrières en exploitation dans les forêts domaniales et communales de la France.

Des échantillons de charbon faits avec différentes essences de bois et montrant que le volume du charbon est d'autant plus grand que le bois est plus dur et le grain plus serré.

On rencontre ensuite trois dioramas qui présentent un vif intérêt.

Deux d'entre eux montrent comment l'administration des forêts, après de longs et périlleux travaux, a pu mettre un frein aux débordements si fréquents des torrents du Riou-Bourdoux et du Bourget qui étaient un danger presque permanent pour la vie et les biens des habitants de la contrée. Ces travaux ont été exécutés au moyen de ciment pour créer des barrières modératrices et de jeunes plantations pour fixer le sol.

Le troisième diorama fait ressortir comment à la Combe de Péguère, près Cauterets (Hautes-Pyrénées), au moyen de murs de soutènement, on a pu immobiliser des blocs énormes qui se détachaient sans cesse de la montagne et causaient des ravages considérables sur leur passage. Le remblai entre les murs de soutènement a été fait avec de la terre qui est maintenue par de jeunes arbres et de l'herbe. Ce travail de reboisement offre un grand intérêt non seulement parce qu'il augmente la richesse et la production du sol, mais aussi parce qu'il influe sur les conditions climatologiques du pays et exerce sur le régime des eaux une action incontestable.

Il est dû, ainsi que les trois dioramas, à M. Demontzey, administrateur des forêts, membre correspondant de l'Institut.

M. Martin, *directeur de la Société française de tranchage,*
passage Charles Dallery, 16, à Paris.

Cette Société, dont le directeur est M. Martin, possède deux usines, tranchant par le système Bartlett, perfectionné par L. Plessis, des panneaux de 3 mètres de longueur et de 0 m. 002 d'épaisseur jusqu'à 0 m. 015.

Ce système présente sur les placages sciés les avantages suivants : épaisseur très régulière ; suppression du rabotage ; séchage complet ; économie de matière.

On conçoit du reste facilement la perte considérable que fait le passage de la scie, surtout pour les bois blancs ; elle peut être évaluée à 66 p. 100.

Une seule trancheuse produisant, par jour, 5,000 mètres carrés de placage de 0 m. 005 fait l'ouvrage de vingt machines à scier.

La Société fabrique des placages pour l'ébénisterie, les fabricants de malles, de jouets, les boîtes pour la pharmacie, la confiserie, etc. ; elle a, également, la spécialité de la carte de visite de bois.

Elle tranche tous les bois des îles et indigènes.

Ses produits sont exportés dans les deux Amériques, l'Espagne, l'Italie, la Russie.

En résumé cette maison est très importante et fait un chiffre d'affaires considérable.

MÉDAILLES D'OR.

M. Chauchot, rue Traversière, 57, à Paris.

M. Chauchot expose des bois exotiques et des placages.

La pièce principale de son exposition est une belle feuille de placage en frêne d'un seul morceau.

Maison très importante occupant une force motrice de soixante chevaux faisant fonctionner six machines à trancher dont deux dérouleurs, dernier système ; elle produit 10,000 mètres carrés de placages par jour.

Son chiffre d'affaires s'élève à près d'un million et demi, dont 800,000 francs pour l'étranger.

L'exportation de ses produits a lieu, principalement, dans l'Amérique du Sud, l'Allemagne, l'Angleterre, l'Italie et l'Espagne.

M. Mougenot (*Louis*), rue de Charonne, 34, à Paris.

M. Mougenot tranche le bois demi-circulairement, ce qui lui permet d'obtenir des feuilles de placage de grande largeur dans des bois défectueux comme le sont, presque toujours, les palissandres et les érables d'Amérique dont les cœurs sont souvent mauvais, gercés, pourris ou noirs.

Le prix du placage dépendant de la largeur, la valeur s'en trouve, par suite, augmentée en tranchant le bois dans le sens de la périphérie des arbres; de plus, pour les bois mouchetés, les mouches étant coupées perpendiculairement à leur pousse, la qualité est plus belle que pour les bois tranchés à plat.

M. Mougenot expose un arbre tranché et déroulé formant une feuille de placage d'un seul morceau mesurant 150 mètres sur 2 mètres ou 300 mètres carrés.

Maison importante.

M. Barrat, avenue Daumesnil, 62, à Paris.

M. Barrat a une très belle exposition de bois de noyer de France présenté sous forme de planches, plateaux et travaux d'art permettant d'apprécier la valeur des bois.

Le plateau sur la droite est d'un bois sain, remarquable par ses dimensions et son grain.

Cette exposition montre tout ce qui peut être fait avec le noyer comme bois massif et débité, comme sculptures, moulures, tournages, découpures et ornementations.

La maison Barrat fait le commerce de bois depuis 1832, mais ce n'est qu'en 1871 qu'elle a pris une grande extension par suite de l'immense consommation du noyer dont elle a fait sa spécialité.

Elle possède de grands chantiers couverts d'une étendue de 3,500 mètres qui lui permettent d'avoir un approvisionnement considérable de bois secs débités en madriers de toute épaisseur et de pouvoir satisfaire à toutes les demandes.

Elle fournit toutes les grandes maisons d'ébénisterie et de sculpture de Paris et de l'étranger.

Son chiffre d'affaires est, en ce moment, d'un demi-million.

MM. Desouches et Bruyer, *propriétaires de l'Entrepôt d'Ivry,*
rue Geoffroy-Lasnier, 30, à Paris.

Cette maison présente les spécimens de charbons de bois qu'elle vend pour la consommation ménagère.

Elle montre dans deux tableaux les produits de la carbonisation de toutes les essences, bois durs et bois tendres.

Avec les poussiers, l'entrepôt d'Ivry fabrique des agglomérés pour la cuisine et le chauffage des voitures. Ce dernier produit est utilisé dans un appareil supprimant tout danger d'asphyxie et qui a été approuvé par le Conseil d'hygiène (décision du 17 janvier 1889).

M. Desouches nous a donné les plus intéressants détails sur les procédés d'emballage, de distribution et de livraison usités dans sa maison.

M. Desouches se préoccupe, dans une large mesure, des besoins matériels et moraux de ses ouvriers. Il a créé des associations et des institutions de prévoyance dont il prend une grande partie des frais à sa charge.

Le choix de M. Desouches par l'administration des forêts pour fournir les spécimens de charbon de bois exposés au pavillon spécial indique toute la valeur des produits exposés.

M. Desouches a été compris dans les nominations de chevaliers de la Légion d'honneur faites à la suite de l'Exposition.

Mme veuve *J.-P. Brun et fils*, rue des Halles, 19, à Paris.

La maison Brun expose des liéges ouvrés et non ouvrés; elle a vulgarisé l'usage du liége de Corse qui est souple et blanc.

Cette maison a acquis par des contrats de longue durée l'exploitation de toutes les forêts de chêne-liége du sud de la Corse.

Elle a essayé d'acclimater à Dammarie-les-Lys (Seine-et-Marne) un succédané du liége : le *phello-dendron amurense*.

En résumé, maison importante qui occupe 50 ouvriers à Bonifacio et fait un chiffre d'affaires considérable.

M. *Capgrand-Mothes*, au château de Saint-Pô, par Sos (Lot-et-Garonne).

Propriétaire de forêts de chêne-liége en Lot-et-Garonne, M. Capgrand-Mothes traite le chêne-liége par un procédé spécial dont il est l'inventeur.

Ce procédé consiste à envelopper, après le démasclage, l'arbre pour le préserver des influences atmosphériques jusqu'au moment où l'écorce de reproduction commence à se reformer.

M. *Coste-Folcher*, rue du Faubourg-Saint-Denis, 87, à Paris.

M. Coste-Folcher expose des articles de grosse vannerie.

Cette maison occupe 2,250 ouvriers, savoir :

A Origny-en-Thiérache (Aisne) et localités environnantes................... 1,200
A Montpellier, Origny et Paris, pour finir les ouvrages.................... 250
Dans cinq établissements pénitentiaires.................................. 800

TOTAL.............................. 2,250

Chiffre d'affaires : 3 millions par an.

Exportation des produits en Angleterre, Belgique, Hollande, Espagne, Alsace-Lorraine et Amérique.

M. *Girardot* (V.-E.), rue Saint-Nicolas, 18, à Paris.

La pièce la plus intéressante de l'exposition de M. Girardot est le livre qu'il a déjà exposé en 1878 et dont il a fait don à cette époque au Conservatoire des arts et métiers.

On y remarque aussi une bille d'acajou-cédrat de 6 m. 80 de circonférence pesant 7,000 kilogrammes et de beaux échantillons de bois exotiques.

Maison importante; exporte en Belgique, Hollande et Italie.

M. *Huant-Hourdeaux*, à Vouziers (Ardennes).

Cette maison expose de la grosse vannerie et a pour spécialité les paniers à fruits employés aux halles de Paris.

Elle occupe 5oo ouvriers, fait environ 700,000 francs d'affaires par an dont 100,000 francs pour l'exportation.

M. Moncarré (Joseph), rue de Flandre, 55, à Paris.

M. Moncarré fabrique les caisses d'emballage pour le service du Ministère de la guerre.

Il emploie 3oo ouvriers en moyenne.

L'outillage, mû par une machine Farcot à quatre tiroirs de 120 chevaux, se compose de 24 scies circulaires, 4 cylindres-rubans, 5 raboteuses, 1 trancheuse, 1 perceuse-mortaiseuse et différentes machines-outils spéciales. De plus, 4 machines servant à imprimer le bois à l'encre ou au feu.

Chiffre d'affaires atteignant près de 1 million.

MÉDAILLES D'ARGENT.

MM. Drouillet (J.) et fils, rue Tiquetonne, 44, à Paris.

M. Drouillet présente des lièges de différentes provenances, surtout de Gascogne.

Sa fabrication est des plus soignée et consiste, principalement, en joints pour appareil à vapeur, bouchons, bouées, plaques et rondelles.

MM. Gilliard, Monnet (P.) et Cartier, rue Beaurepaire, 24, à Paris.

Ces Messieurs exposent des extraits de châtaigniers, de quebracho, de hemloch, de mimosa, de sumac, de galles; ces extraits, très riches en tanin, ne contiennent aucune substance métallique, quoique limpides et de coloration réduite.

Maison importante formée en 1886, possède trois usines : 1° à Saint-Fous, près Lyon; 2° à Vaise; 3° à la Plaine, près Genève.

Elle occupe 160 ouvriers et fait environ 6 millions d'affaires par an.

Mᵐᵉ veuve Gondolo, rue de la Garenne, 22, à Courbevoie (Seine).

Mᵐᵉ veuve Gondolo présente à l'appréciation du jury des extraits tanniques de chêne et de châtaignier obtenus par son procédé spécial de décoloration par le sang.

Elle possède à Nantes une usine avec force motrice de 2,900 chevaux, occupant 230 ouvriers et triturant annuellement 40,000 tonnes de chêne et de châtaignier.

Mᵐᵉ veuve Gondolo est intéressée dans une usine créée à Huntington (Pensylvanie-Amérique) par des Américains qui lui ont acheté son brevet.

Le procédé Gondolo est également employé à Zupauze (Hongrie) et en Esclavonie.

MM. Delique frères, rue des Boulets, 45, à Paris.

Cette maison est une des premières pour la teinture des bois.

Elle expose une série de bois de poirier débité en planches de o m. 001 jusqu'à o m. 85, lesquelles sont teintes en noir par un procédé spécial à MM. Delique frères.

Pour bien démontrer la pénétration de la teinture dans le bois, il a été fait en haut du panneau une coupe transversale.

Ce procédé est applicable pour toutes les nuances.

MM. Limare (*Ch.*) *et fils*, à Fécamp (Seine-Inférieure).

Ces Messieurs sont au nombre des principaux importateurs de sapin et pitchpin et propriétaires d'une scierie à vapeur de la force de 40 chevaux.

Ils transforment, dans cette scierie, les madriers en poutres, planches, plateaux, frises, bois ronds, manches de brancards d'ambulances, lames de persiennes, barrettes de banc, moulures, grilles de barrage et enfin pavés de bois.

Ils y débitent aussi des grisards du pays dont ils font des marchepieds pour les chemins de fer de l'État.

Maison importante, honorable et bien dirigée.

M. Panchèvre (*L.-H.*), rue de Vaugirard, 235, à Paris.

M. Panchèvre soumet au jury des charbons de bois fabriqués par le procédé des meules, dans les taillis des forêts de l'Indre-et-Loire.

Il occupe 500 ouvriers.

Très soucieux du mérite de la marque de sa maison, qui date de près d'un siècle, M. Panchèvre s'attache à ne carboniser que de jeunes taillis de chêne écorcés à l'exclusion des houppiers de futaie.

Il procède par petites meules de 5 à 6 stères.

Les produits exposés sont magnifiques et justifient leur réputation.

M. Panchèvre expose aussi des écorces de Touraine très soignées.

M. Savoie (*Charles*), rue Claude-Pouillet, 3, à Paris

M. Savoie expose des objets de grosse vannerie d'un usage courant.

Cette maison est importante et fournit spécialement les compagnies de chemins de fer.

Les produits exposés sont d'une exécution remarquable et d'un prix modéré.

Société des lièges appliqués à l'industrie (M. Germond de Lavigne, publiciste, administrateur-délégué), rue du Delta, 13, à Paris.

Cette Société a, par son exposition, démontré l'emploi industriel du liège naturel comme isolant :

1° Conservation du calorique dans les chaudières à vapeur, conduites de vapeur, d'air chaud, etc;

2° Emploi des mêmes procédés pour maintenir l'abaissement de la température dans les appareils réfrigérants;

3° Fabrication des cloisons et panneaux isolants, bouées, ceintures de natation et de sauvetage, etc.

Les opérations de cette Société sont partagées en deux services :

1° Applications industrielles, atelier à Paris, rue du Delta;

2° Bouchonnerie dont l'atelier est à la Crau-d'Hyères (Var).

Ces deux usines occupent 125 ouvriers.

La Société emploie, par an, 360,000 kilogrammes de liège brut provenant de l'Algérie, du Var, de la Corse et de la Gascogne.

Elle fabrique annuellement 50 millions de bouchons dont environ un cinquième est exporté.

La Subérine, rue Guersant, 36, à Paris.

Emploi du liège pour l'ornementation, la construction, la pharmacie. Poudre remplaçant le lycopode et servant de véhicule aux produits antiseptiques.

MM. *Van Oye et Cᵉ*, rue Philippe-de-Girard, 11, à Paris.

Importante maison de vannerie en rotin.

Application remarquable et multiple de cette essence pour paniers, sparterie, etc.
Bonne fabrication.

COLONIES ET PAYS DE PROTECTORAT.

ALGÉRIE.

MÉDAILLES D'OR.

M. Barris (José), à la Calle (Constantine).

Cet exposant exploite depuis plusieurs années une forêt de chênes-lièges située aux environs de la Calle (département de Constantine). Son étendue dépasse 8,000 hectares.

Les coupes sont desservies par des routes et des chemins bien tracés.

Exportation de liège en balles atteignant annuellement 4,000 à 5,000 quintaux.

M. Dolfus (Gustave), à El-Haunser, commune mixte d'El-Milia (Constantine).

M. Dolfus est propriétaire d'une forêt de chênes-lièges admirablement exploitée. Il a fait des dépenses considérables pour la mise en valeur de sa vaste propriété.

La production de ce domaine, de plus de 5,000 hectares, est très variée. M. Dolfus occupe toute l'année un grand nombre d'ouvriers.

Service des forêts du Gouvernement de l'Algérie, à Alger.

Exposition très remarquable.

Le conservateur des forêts de ce département, M. Combes, s'est signalé par des travaux de grand mérite. Sous sa direction, les forêts domaniales ont reçu un commencement d'aménagement et, grâce à son initiative, des massifs de chênes-lièges appartenant à l'État sont en cours de production.

Les chemins exécutés sous les ordres de M. Combes sont bien tracés.

Il expose un album des cartes forestières bon à consulter.

Société des lièges de l'Edough, près Bône, et 30, rue de Berlin, à Paris.

La plus ancienne exploitation des forêts de chênes-lièges en Algérie.

Elle est dirigée par M. Gustave Lecoq, demeurant à Paris, 38, rue de Berlin.

Les premiers travaux remontent à l'année 1846; la production annuelle est de 5,000 à 7,000 quintaux de liège.

La forêt de l'Edough est parfaitement aménagée, des mieux entretenues; des travaux de débroussaillement et de nettoiement sont exécutés dans de bonnes conditions.

Société des lièges des Hamendas et de la petite Kabylie,
rue du Rocher, 60, à Paris.

Cette Société exploite des chênes-lièges sur une étendue de 48,000 hectares formée de la réunion de plusieurs propriétés.

90 kilomètres de routes carrossables, 1,200 kilomètres de chemins muletiers ont été exécutés pour les besoins des exploitations.

MÉDAILLES D'ARGENT.

M. BOURLIER (*Charles*), à Reghaïa (Alger).

Importante production de liège.

M. BROUSSAIS (*Henri*), à Beni-Kalfoum, commune de Palestro (Alger).

Exploitation de forêts de chênes-lièges de Beni-Kalfoum d'une étendue de 1,200 hectares.

M. Broussais expose cinq balles de liège préparé et un canon de liège brut.

M. Broussais, par une incision longitudinale faite au moment de la récolte et dont on voit le sillon sur le canon exposé, facilite l'enlèvement de l'écorce en même temps qu'il augmente la densité et la régularité du liège.

Récoltés à 12 et 13 ans pour les qualités supérieures, et à 10 et 11 ans pour les autres, ces lièges sont très appréciés et remarquables surtout par leur grain serré, leur imperméabilité, leur couleur blanche, leur absence d'odeur. Ces qualités sont dues à la nature du terrain et surtout à sa bonne exploitation.

M. CARPENTIER (*Édouard*), à Djidjelli (Constantine).

Cet exposant présente des lièges en balles, en planches, en carrés et en bouchons, écorces à tan de chêne-liège, bois de chêne zéen.

M. LEFÈVRE, à Jemmapes (Constantine).

Exploitation importante d'écorces, tan et lièges.

M. TEISSIER (*Henri*), à Philippeville (Constantine).

Lièges et écorces à tan de chênes-lièges de l'Oued-Oudina.

M. TOUSSEAU (*Gustave*), à Philippeville (Constantine).

M. Tousseau est inventeur d'une machine à fabriquer les bouchons.

Il expose des lièges ouvrés par procédés mécaniques.

M. Bure (Adrien), à l'Ouider (Constantine).

Exposition intéressante d'écorces et tanins.
Exploitation importante.

M. Canton (Alexandre), à Toulouse (Haute-Garonne).

M. Canton a présenté au jury des bouchons et des balles de liège provenant des forêts de M' Silah.

MM. Marill et Laverny, à Alger.

Exploitation considérable des forêts de l'État.
Fabrique de bouchons la plus importante de l'Algérie.
Liège brut et préparé.
Sciure de liège.

GABON.

MÉDAILLE D'ARGENT.

Mme Pecqueur (Léona).

Exposition bien faite de bois du pays et d'ébènes assez beaux ayant un intérêt au point de vue de l'industrie française.

GUYANE FRANÇAISE.

MÉDAILLE D'OR.

Exposition permanente des colonies.

Collection importante de bois de toutes sortes, présentée par morceaux de grande dimension. On y remarque, notamment, l'amaranthe qui est déjà connu et employé dans l'ébénisterie et la marqueterie.
Exposition très intéressante.

MÉDAILLE D'ARGENT.

Administration pénitentiaire, à la Guyane.

Importante collection de bois du pays bien présentée, comprenant notamment des bois de construction et quelques bois pour l'ébénisterie.

NOUVELLE-CALÉDONIE.

MÉDAILLE D'OR.

MISSION RAOUL.

Importante collection de bois cultivés dans le pays et échantillons des nombreuses essences dont les graines ont été rapportées par la mission pour être introduites dans nos colonies.

Travail du plus haut intérêt.

MÉDAILLE D'ARGENT.

ADMINISTRATION PÉNITENTIAIRE.

Belle et importante exposition des diverses essences de bois du pays.

Collection bien travaillée et bien présentée.

ANNAM-TONKIN.

MÉDAILLE D'ARGENT.

COLLECTION PUGINIER.

Exposition bien présentée de bois propres à l'ébénisterie et à la construction.

TUNISIE.

MÉDAILLE D'OR.

ADMINISTRATION DES FORÊTS.

L'Administration des forêts de la Tunisie a réuni, dans un pavillon spécial situé à l'esplanade des Invalides, une collection très complète des produits forestiers de la Régence.

Cette exposition, organisée par M. Lefebvre, directeur des forêts tunisiennes, comprend des spécimens des principales essences forestières et des produits qu'elles sont susceptibles de fournir. Par son importance, elle met en relief les richesses forestières actuelles de la Tunisie et celles que sont appelées à créer dans un avenir prochain la multiplication des essences indigènes et l'introduction d'espèces européennes et exotiques.

Elle est renfermée dans un pavillon construit en bois de palmier dattier provenant des oasis de la Régence et mesurant 15 mètres de longueur sur 6 mètres de largeur.

Cette construction, très originale et d'aspect un peu sauvage, rappelle les habitations de l'extrême sud de la Tunisie dont les habitants n'ont à leur disposition que les bois de palmier qu'ils emploient à tous les usages.

Elle a été exécutée, sur les plans de M. Saladin, architecte de la section tunisienne, par M. Zur-inden, inspecteur des forêts attaché au Ministère de l'agriculture (direction des forêts).

Par suite de l'absence de M. Lefebvre, retenu en Tunisie par les exigences de son service, M. Zur-linden a effectué le classement des collections avec la collaboration de MM. Lafosse et Orfila, inspecteurs adjoints des forêts.

La collection comprend :

1° Des plateaux, rondelles et dosseaux des essences forestières les plus importantes et les plus intéressantes;

2° De nombreux produits, ustensiles et objets obtenus ou façonnés par l'industrie indigène et l'industrie européenne et tirés des essences spontanées ou introduites en Tunisie;

3° Les produits du chêne-liège qui comprennent des lièges mâles, des lièges de reproduction des différents âges, bruts et ouvrés et des écorces à tan;

4° Des échantillons de palmier dattier avec les objets façonnés par les indigènes et une collection comprenant 203 espèces de dattes, la plus complète que l'on ait vue jusqu'ici en France;

5° De nombreux produits de l'alfa, qui occupe en Tunisie une étendue de 1,500,000 hectares, soit le neuvième de la superficie totale de la Régence;

6° Des cartes forestières montrent la répartition des massifs, donnent leur étendue et indiquent, par des teintes diverses, l'emplacement occupé par les différentes essences; l'examen d'une carte des itinéraires effectués par les agents du service des forêts permet de se rendre compte que la Régence de Tunis a été explorée tout entière et qu'il ne s'y trouve pas un massif forestier qui n'ait été reconnu;

7° Un herbier très complet montre les spécimens des végétaux ligneux et fructescents de la Régence;

8° Des albums de photographies donnent l'aspect des oasis, de la région des gommiers, ainsi que des plaines et des montagnes sahariennes;

9° La faune des forêts est représentée par les dépouilles de la majeure partie des grands mammifères qui les habitent.

Avant l'établissement du protectorat de la France en Tunisie, les 615,000 hectares des forêts appartenant aux beys n'étaient, pour ainsi dire, l'objet d'aucune exploitation régulière.

Par une surveillance effective, par la construction d'un réseau important de voies de vidange, l'établissement de maisons forestières, etc., l'administration forestière, organisée en 1883, a déjà modifié profondément cet état de choses.

Ainsi, en cinq ans seulement, un revenu sérieux a été tiré des forêts du Gouvernement, revenu qui, à quelques 100,000 francs près, a servi à organiser tout le service forestier, voies de communication, sentiers, tranchées de protection, etc.

Les produits obtenus, jusqu'à présent, résultent surtout des ventes qui ont été faites à des concessionnaires italiens des écorces à tan de première qualité fournies par le chêne-liège, mais, lorsque l'écorce des vieux chênes-lièges aura été exploitée, les revenus forestiers, loin de diminuer, recevront un accroissement considérable par la production des lièges fournis par les chênes-lièges actuellement démasclés.

Parmi les objets les plus importants, au point de vue commercial, de cette exposition nous citerons les suivants :

1° Produits divers du chêne-liège, essence qui occupe 116,084 hectares;

2° Produits du chêne zéen (10,599 hectares). Le bois provenant de cette essence, qui atteint de très grandes dimensions, a une très grande densité (0,924); on lui reproche de se fendre et de se tourmenter, mais, avec quelques précautions, ces inconvénients pourront être évités, au moins en partie, soit par la submersion, soit par l'écorçage partiel ou total des sujets sur pied, ou l'injection des sujets encore feuillés.

L'État aura intérêt à vendre ou à faire exploiter lorsque, par les procédés indiqués, on sera arrivé à obtenir des produits : poutres, planches, merrains, soustraits aux inconvénients signalés.

D'autre part, les jeunes chênes zéens pourront offrir de précieuses ressources par la production d'écorces à tan de première qualité;

3° Produits du pin d'Alep. Ce résineux couvre 150,738 hectares en Tunisie, et il se prête à des usages très variés;

Les sujets, à part quelques points des sommets ou des lieux abrités, sont généralement mutilés par les industriels, soit pour la fabrication du charbon, soit pour la fabrication du goudron, et celle des poutres, poteaux télégraphiques;

4° Produits de l'olivier. Cette essence, à l'état sauvage, forme le boisement de 16,735 hectares. Elle est précieuse pour les ouvrages d'ébénisterie, de tour, de marqueterie, pour la sculpture, pour les manches d'outils, pour le charronnage, le chauffage et la fabrication du charbon, piquets, etc.

Les indigènes sont malheureusement trop disposés à traiter les oliviers, même en plein rapport, au point de vue de la fourniture des bois de chauffage, à cause des droits multiples dont sont frappées les olives et les huiles;

5° Produits très divers du palmier dattier.

Les peupliers suisses, peupliers de Hollande, l'orme, le frêne et la vigne croissent dans tous les lieux humides et acquièrent un grand développement.

Nous avons remarqué des rondelles et des dosseaux d'une essence qui croît à la limite de la région saharienne, l'*acaria tortilis* (talha) qui forme un véritable bois, malheureusement dévasté, au sud-ouest de Sfax, dans une région où, seule, cette essence, avec le pistachier de l'Atlas et l'olivier, peut devenir la base d'un véritable boisement.

L'herbier exposé représente, avec détails, la flore forestière de la Tunisie.

Les échantillons de cette collection botanique ont été récoltés soit par le service forestier, soit par les membres de la Commission scientifique de la Tunisie. Ils ont été classés par un savant dont la compétence est incontestable, M. le docteur Cosson, membre de l'Institut, président de la mission de l'exploration scientifique de la Tunisie.

RÉPUBLIQUE ARGENTINE.

L'exposition de cette République, qui comprend 53 exposants particuliers ou en collectivité de provinces, est un des plus magnifiques spécimens de la production forestière.

Le réseau considérable de chemins de fer qui existe dans cet État a motivé l'effort dont nous apprécions le résultat.

Il était nécessaire de faire connaître à l'Europe ces richesses jusqu'alors à peu près inexploitées faute de moyens de transport; la grande densité de la plupart de ces bois était un obstacle à l'emploi du flottage, et les autres moyens faisaient défaut.

Tous les spécimens présentés sont des troncs refendus et vernis de plus de 1 mètre de long sur des diamètres supérieurs à 0 m. 50; des rondelles, les accompagnant, permettent d'apprécier les accroissements sur la section horizontale.

Indépendamment de ces échantillons, des madriers, des plateaux ayant jusqu'à 1 m. 80 de largeur sur 6 mètres de longueur donnent toute latitude au visiteur pour juger des qualités des bois et de leur belle végétation.

La méthode la plus rigoureuse a été suivie dans leur classification suivant leur provenance et leur utilisation industrielle; les noms botaniques accompagnent les noms usuels, les densités et les coefficients de résistance sont presque toujours indiqués.

La science et l'industrie ont donc sous les yeux tous les éléments d'un complet examen.

MM. Aragon et Virgilio, de la colonie d'Helvecia (Santa-Fé); M. Christienson (Charles), à Chaco; MM. Ocampo Arana et Cⁱᵉ, de la colonie d'Ocampo (Santa-Fé), sont les principaux exposants particuliers : ce sont des colons agricoles et forestiers, directeurs de grandes exploitations, dont nous détaillons, plus loin, les magnifiques expositions.

Parmi les envois des Commissions de province, nous signalons, en première ligne, les commissions de Missiones, de Corrientes et de Salta; toutes seraient à citer.

Il est impossible de mieux réussir un ensemble aussi choisi et étudié de la production forestière d'un pays.

Il y a lieu d'en devoir une profonde gratitude au Gouvernement argentin, à ses savants et dévoués commissaires, notre collègue M. Gallardo et son assidu collaborateur, M. Niederlein.

GRAND PRIX.

La Commission auxiliaire de Missiones.

Cette Commission présente 155 espèces de ses principaux bois et 26 espèces de liane, et le bambou de 0,125 de diamètre.

La collection de Missiones est très complète et très instructive. Tous les échantillons de 1 mètre de hauteur présentent le bois dans son développement régulier, la moitié des échantillons a plus de 0 m. 50 de diamètre.

Elle est accompagnée d'une description détaillée et d'un herbier composé de plus de 1,500 espèces dont le mérite revient à M. Niederlein. La plus grande partie des bois est classée scientifiquement.

Presque tous les bois sont représentés dans cette collection de Missiones; nous signalerons comme types principaux les essences suivantes :

Incienso, arbre de 20 à 25 mètres de hauteur, de 0 m. 75 de diamètre, densité 0,869 à 0,945; il est employé dans les constructions civiles, la fabrication des traverses, etc.; sa résine est très appréciée.

Guayubira negra, arbre très répandu, d'une hauteur de 25 mètres, de 0 m. 50 à 0 m. 75 de diamètre, densité 0,983; bois excellent.

Anchico colorado, hauteur 25 mètres, diamètre 1 mètre. On l'emploie beaucoup pour la fabrication des traverses, les constructions civiles et navales, axes de moulins, etc.; son écorce sert pour la tannerie.

Guaviyu, 15 à 20 mètres de hauteur sur 0 m. 50 à 0 m. 75 de diamètre, densité 0,924; fruits agréables.

Marmelero colorado, arbre répandu, 20 mètres de hauteur, 1 mètre de diamètre, bois dur et dense.

Pino, arbre très abondant dans le centre et au nord-est du territoire; il croît jusqu'à une hauteur de 15 mètres, son diamètre est de 2 à 3 mètres; bois léger, densité de 0,420 à 0,515. Les nœuds rouges qui restent sous terre sont d'une grande dureté et servent aux tourneurs. Les semences sont comestibles et constituent une grande ressource alimentaire.

Palo de Rosa, peu abondant, généralement gros et haut; bois précieux, densité 0,753 à 0,918.

Hirapiapuna, arbre abondant de 20 à 25 mètres de hauteur sur 1 mètre de diamètre, densité 0,829 à 0,913. Sert comme bois de construction et pour traverses; son écorce est employée comme matière tinctoriale.

Canafistula, hauteur 25 à 30 mètres, diamètre 2 m. 50, densité 0,745 à 1,038; bois très apprécié pour traverses, constructions civiles et navales.

Corazon debugre, essence peu répandue, hauteur 12 à 15 mètres sur o m. 50 de diamètre; bois dur.

Laurel negro, arbre très abondant, hauteur 15 à 20 mètres, diamètre o m. 50, densité 0,502 à 0,826.

Anchico amarillo, arbre abondant, 20 à 25 mètres de hauteur sur 1 mètre de diamètre, densité 0,723.

Lapacho blanco, 20 mètres de hauteur sur o m. 50 de diamètre, densité 0,753.

La Commission soumet au jury une collection de 16 espèces de plantes à usage de la tannerie, 9 espèces de plantes textiles et 19 espèces tinctoriales.

Nous y remarquons;

1° Les écorces tannantes de *Peltophorium vogalianum*, de *Trichilia cunjerana*, de *Psidium guava*, de *Mirsine floribunda*, de *Luhea divaricata*, de *Croton succirubrum*, d'*Ocotea*, d'*Inga urugensis*, d'*Eugenia Michelii*, de *Piptavenia cebil*, d'*Acacia angico* et d'*Enterolobium Rimbaura*;

2° Les fibres d'*Ivira*, de *Guambe* et d'*Ortiga brava*;

3° Les plantes tinctoriales : *Fabelnia flavescens*, *Erythrina Cristogalli* et *Icipoyu*.

<hr>

MÉDAILLES D'OR.

Commission auxiliaire de Corrientes.

La Commission a exposé 100 espèces de bois en disques et prismes d'excellente qualité.

Dans cette collection, comprenant tous les bois déjà cités, nous mentionnerons particulièrement les espèces suivantes employées dans les constructions civiles et navales.

Palosanto atteignant 15 à 20 mètres de hauteur et o m. 50 à o m. 75 de diamètre; sa densité est de 1,216 à 1,303.

Espina de arona, 15 mètres de hauteur, o m. 75 de diamètre, densité 0,858 à 0,951.

Curupay, 10 à 12 mètres de hauteur, 1 mètre de diamètre, densité 0,977 à 1,172.

Laurel amarillo, 15 mètres de hauteur, o m. 60 de diamètre, densité 0,532 à 0,845.

Naudubay, arbre de 10 à 12 mètres de hauteur, o m. 75 de diamètre, densité 1,090 à 1,211.

Petereby, 15 mètres de hauteur, o m. 50 à o m. 75 de diamètre, densité 0,690 à 0,850.

Canjarana, 15 à 20 mètres de hauteur, o m. 50 à o m. 75 de diamètre, densité 0,616.

M. Christierson, à Chaco.

M. Christierson possède une colonie où, depuis de longues années, il exploite d'importantes forêts dont il débite les produits au moyen d'une scierie établie sur le *Riacho de Oro*, dans le Chaco austral.

Il expose de magnifiques échantillons des bois de construction qu'il exporte en grande quantité.

La collection est accompagnée d'un important tableau indiquant les propriétés physiques et industrielles de ces bois.

Les différents bois exposés sont les suivants :

Guyacan, arbre de 8 mètres de hauteur et o m. 5o de diamètre. La densité de ce bois est de 1,273 à 1,411. On l'emploie pour poulies, cylindres.

Urundey, arbre de 2o mètres de hauteur et 1 m. 5o de diamètre, densité de 1,100 à 1,270; ce bois est très employé pour traverses et poteaux.

Quebracho colorado mora, arbre de 18 mètres de hauteur et 1 mètre de diamètre. La densité de ce bois est de 1,04o. Il sert pour la fabrication des cylindres, charrettes, meubles.

Lapacho, arbre de 15 mètres de hauteur et de o m. 75 à 1 mètre de diamètre. La densité de cette essence est de 0,952 à 1,072. Il est excellent pour échafaudages, roues, etc.

Palo blanco, 12 mètres de hauteur, o m. 4o à o m. 6o de diamètre. Le poids spécifique est de 0,981.

Guayaibi, arbre très abondant d'une hauteur de 15 mètres et o m. 6o de diamètre. Le poids spécifique est de 0,970.

Palo amarillo, 12 mètres de hauteur, o m. 6o de diamètre, densité 0,923.

Quebracho blanco, grosseur de 1 mètre, densité 0,810 à 1,03o.

Algorrobo blanco, arbre abondant, 10 à 12 mètres de hauteur et jusqu'à 1 mètre de diamètre, densité 0,809.

Hirapuita, de très grande hauteur et grosseur, il atteint jusqu'à 2 m. 5o de diamètre, densité, 0,745 à 1,038. Il est excellent pour l'échafaudage des navires, pour wagons.

Hiraro, arbre de 15 à 2o mètres de hauteur et de o m. 6o à o m. 8o de grosseur, densité 0,765 à 0,875.

Fatané, arbre de 10 mètres de hauteur, o m. 75 de diamètre, densité 0,65o.

Laurel, 15 mètres de hauteur, o m. 75 de diamètre, densité 0,58o à 0,75o.

Fimbo, essence abondante atteignant jusqu'à 3 mètres de diamètre, densité 0,44o.

Palma negra, la partie utile tient 10 mètres de longueur et o m. 25 de diamètre. On l'emploie pour poteaux télégraphiques.

COMMISSION AUXILIAIRE DE SALTA.

Exposition composée de :

1° Une collection des principales espèces de bois connues dans la province.

On y remarque trois énormes tables de cèdre d'une hauteur de 6 m. 10 sur une largeur de 1 m. 70 à 1 m. 8o et une épaisseur de o m. 125.

2° Une collection de bois d'ébénisterie, dont trois plateaux de cedra remarquables par leur qualité et leurs dimensions. Ils mesurent 6 mètres sur 1 m. 6o de largeur.

MÉDAILLES D'ARGENT.

COMMISSION AUXILIAIRE DE SAN-LUIS.

Exposition consistant en neuf espèces de plantes pour la tannerie, parmi lesquelles le quebrachillo, et vingt et une espèces de bois.

Commission auxiliaire de Formosa.

Filaments d'ivira et de caraguata. Collection de quatre-vingt-neuf espèces de bois d'ébénisterie et de construction, bien présentée et d'un grand intérêt.

Collection remarquable d'herbiers.

Exposition importante.

Commission auxiliaire de Tucuman.

Beaux bois d'ébénisterie bien présentés.

Collection de bois de teinture et de matières tannantes d'un certain intérêt.

Plantes médicinales.

MM. Ocampo, Arana et Cie, colonie Ocampo, à Santa-Fé.

Ces Messieurs possèdent l'importante colonie Ocampo, d'une superficie de 80 kilomètres carrés et dans laquelle habitent 3,038 colons.

Ils possèdent, en outre, dans le chaco de Santa-Fé, en dehors d'autres grands établissements de culture, une grande scierie à vapeur et trente machines diverses.

450 ouvriers travaillent constamment dans les ateliers et dans les forêts.

Les principales essences utilisées sont : guayacan, guayaibi, hira pinta, algarrobo, lapacho, quebracho blanco, quebracho colorado.

Parmi les produits exposés se trouvent des traverses de quebracho colorado, arbre de 15 mètres de hauteur et 0 m. 75 de diamètre et d'une densité de 1,303. Ce bois très compact est considéré comme le meilleur pour traverses, solives, coques de navires, etc.; son écorce et sa sciure sont très appréciées comme matières tannantes et tinctoriales.

M. Wagner (*Frédéric*), à Santa-Fé.

M. Wagner présente une jolie collection d'amateur composée de soixante-six variétés d'échantillons de bois d'ébénisterie et de construction.

AUTRICHE-HONGRIE.

MÉDAILLE D'OR.

MM. Schmitt (*Jacques*) et Cie, à Buda-Pest.

Cette Société, propriétaire, concessionnaire et adjudicataire de forêts, expose une magnifique collection de sciages de chêne ayant 6 mètres de longueur.

Les échantillons, doublettes, feuillets et plateaux mesurent jusqu'à 0 m. 71 de large.

Les sciages sur maille atteignent une largeur maxima de 0 m. 40.

Ces bois sont très sains, de la plus belle venue et d'une croissance absolument régulière.

On remarque deux spécimens de sciage de bois en grume qui présentent la tranche sciée l'une sur dosse d'un coup de scie à lames multiples, l'autre sciée sur quartier et faux quartier par onze coups de scie à lames multiples.

Deux troncs de chêne en grume de 250 ans montrent la régularité des accroissements et la belle apparence des rayons médullaires.

Des frises, des douelles que la Société vend pour la Bourgogne, et, enfin, de beaux parquets à incrustation de bois exotiques.

BELGIQUE.

MEDAILLES D'OR.

M. Briots (*Edmond*), à Bruxelles.

Cet exposant est propriétaire d'une scierie à vapeur de 300 chevaux.

Il emploie 200 ouvriers.

Exploite des bois belges et importe des bois étrangers.

M. Briots expose :

1° Une bille de peupliers du Canada débitée à la scie multiple, en planches devant servir à la fabrication de sièges de wagon et aux menuiseries intérieures;

2° Une bille de hêtre de la forêt de Soignes également débitée en planches pour marches d'escalier, claviers de pianos et meubles;

3° Une bille d'orme débitée à o m. o3 d'épaisseur, destinée aux travaux de menuiserie.

Tous ces bois indigènes sont débités sur le lieu d'exploitation à l'aide de locomobiles actionnant des scieries, l'atelier de Bruxelles étant réservé à l'importation.

M. Briots exporte annuellement en France pour 400,000 francs de sciages de hêtre.

Belle exposition bien installée.

MM. Van Oye et Cie, à Bruxelles.

Très importante maison de vannerie en rotin, application remarquable et multiple de cette essence, pour paniers, sparterie, fils, fibres, etc.

M. Van Oye a porté au plus haut degré de perfection la fabrication de ses produits.

MÉDAILLE D'ARGENT.

MM. Brounon frères, à Chimay.

Ces Messieurs possèdent une scierie fixe et une scierie mobile.

Ils présentent de très beaux chênes sur quartiers de 7 m. 25 de long et ayant jusqu'à o m. 44 et o m. 56 de largeur.

La planche de o m. 56 date de 1838 et est conservée comme spécimen.

Ils exposent des échantillons de merrains à bière spéciaux au pays.

Ils occupent 250 ouvriers.

Belle exposition, mais ne présentant pas un caractère spécial d'indigénat.

MM. Brouhon exploitent à Signy-le-Petit, à Saint-Michel, à Frelon, à Ivon-Fontaines, à Saint-Dizier et à Bar-le-Duc.

BRÉSIL.

GRANDS PRIX.

Gouvernement du Brésil.

La participation du Brésil à l'Exposition universelle a été encouragée, dès le début, par S. M. l'empereur don Pedro, qui écrivit à M. Berger, directeur général de l'exploitation, pour lui faire part de son désir de voir accorder à l'exposition brésilienne un emplacement convenable.

En 1867 le Brésil avait tenu avec un certain éclat sa place d'exposant.

En 1878 il avait dû, pour certaines raisons d'économie, s'abstenir de toute participation.

Cette année, s'il n'est pas officiellement représenté, il tient, par le nombre des exposants, la diversité et la valeur des produits exposés. une place remarquable dans notre grand concours international.

Le sol du Brésil est un des plus riches producteurs de bois.

C'est principalement dans la vallée de l'Amazone que les essences forestières acquièrent leur maximum de résistance, de densité, de coloration et de beauté.

Les plus connus de ces bois sont :

Le bois rose (pan rosa).

Le bois-écaille (le pau-tartaruga, muira-pinima), très estimé pour l'ébénisterie de luxe.

Le bois palissandre (jacaranda, jacarandatan).

Le palissandre, très riche en espèces et variétés dans toute l'étendue du Brésil, est fourni par des arbres de la famille des légumineuses, appartenant aux genres *Machacrium* et *Dalbergia.*

On en fait une exportation très importante pour le Havre.

Dans la province de Maragnon, on trouve l'acapu (wacapou) ou *Wacapona americana,* de la famille des légumineuses. Ce bois est très employé dans les travaux hydrauliques et résiste au ver taret, *teredo navalis* des zoologistes.

Les provinces de Sergipe et de Bahia possèdent des forêts magnifiques de bois excellents pour les constructions, la menuiserie et l'ébénisterie.

Parmi les nombreuses essences qu'elles renferment, on remarque le tapinhoam, qui est peut-être le bois le plus généralement employé à Bahia dans la construction navale, dans les constructions hydrauliques et la tonnellerie. Il a l'aspect du chêne de l'Europe et des États-Unis. On le classifie *sylvia navalium,* dans la famille des lauracées.

Ce sont les forêts de la Serra-do-Mar, dans la province de Santa-Catharina, qui ont mérité les éloges enthousiastes de Charles Darwin, de Saint-Hilaire, d'Agassiz et de tous les savants qui ont visité le Brésil.

Les forêts de caoutchouc couvrent des régions immenses depuis la vallée de l'Amazone jusqu'à la province de Matto-Grosso.

Les forêts d'araucaria, du sapin brésilien, vont depuis le Picu, dans la province de Minas, jusqu'aux montagnes de Rio-Grande-du-Sud.

Dans l'impossibilité d'énumérer tous les bois des provinces d'Espirito-Santo, de Rio-de-Janeiro et de San-Paulo, nous nous bornerons aux suivants :

La peroba, le chêne du Brésil, employée partout dans la construction navale et la bâtisse, dans la menuiserie et l'ébénisterie.

La variété peroba-revessa est mouchetée comme l'érable, mais d'un jaune or plus vif et plus brillant. On l'a déjà employée à Paris pour des pianos et des meubles de luxe.

Le genipapo, qui abonde dans les provinces de Bahia et de Rio, est un bois très homogène et très élastique, d'une couleur lilas. Ce bois est aujourd'hui employé dans la menuiserie et l'ébénisterie, concurremment avec l'érable.

Les cèdres brésiliens atteignent 3o mètres de hauteur et ont jusqu'à 3 mètres de diamètre; un seul de ces troncs peut fournir un canot pour 2o personnes.

Le bois, parfumé et satiné, est couleur de rose sèche, et sert pour toutes sortes de constructions, la menuiserie et l'ébénisterie.

L'oleo-vermelho est employé pour turbines et roues hydrauliques.

Les bois du Brésil ont une force de résistance très remarquable. Si l'on a pu comparer le chêne et le teak à du fer nerveux et à de l'acier dur, on peut assimiler l'oleo au bronze.

Cette magnifique collection a été admirablement présentée, et le jury est heureux de féliciter un de ses membres, M. le baron d'Albuquerque, des résultats obtenus.

M. Lepage (*José F.*), de Barbacena (Minas-Geraes).

M. Lepage expose la collection la plus importante et les plus belles espèces de bois d'ébénisterie, environ 2oo échantillons bien présentés et lui faisant le plus grand honneur.

M. Lepage occupe 12o à 15o ouvriers et vend annuellement, sur la place de Rio-Janeiro, pour 2 millions de francs de bois de toutes essences.

MÉDAILLES D'OR.

MM. Carvalho et Cᵉ, à Moreira.

Ces Messieurs ont réuni une nombreuse et très belle collection de bois d'ébénisterie.

Ils possèdent de grandes forêts qu'ils exploitent et dont les produits sont, en partie, absorbés par leur industrie, et le surplus vendu sur la place de Rio-de-Janeiro.

Commission de la province de Minas-Geraes.

Très belle collection collective de bois d'ébénisterie, importante comme qualité et dimension des essences dont elle est composée.

On y remarque le palissandre, le bois de rose et le bois rouge de teinture (pau-brazil).

M. Prado de Silva.

M. Prado de Silva a fait tous ses efforts pour obtenir de la province de Céara, dont il est le président, le vote des fonds nécessaires pour une exposition collective.

Malheureusement cette province, très éprouvée par la sécheresse, a dû, à regret, renoncer à cette combinaison.

M. Prado de Silva, riche propriétaire, s'est alors décidé à faire lui-même les frais d'une exp forcément plus restreinte, quoique très intéressante.

Son exposition comprend 38 échantillons de bois divers d'une assez grande valeur

MÉDAILLES D'ARGENT.

MM. Boris frères, à Céara.

Maison française établie depuis 1871 à Céara; expose des spécimens très intéressants de bois de violette et de bois de teinture jaune.

Elle possède une scierie à vapeur, et s'est efforcée de faire connaître en France les produits forestiers brésiliens.

Arsenal de Rio-de-Janeiro.

(Représentant, M. le vicomte de Cavalcanti, président du commissariat
et représentant de l'arsenal maritime.

Belle collection de bois bien présentée montrant l'emploi, dans les constructions navales, d'essences non encore en usage en Europe.

M. Rosa (*Manoël Pinto d'Alvaranga*).

Propriétaire exploitant; présente une belle collection de bois parmi lesquels on remarque le bois de violette, très apprécié dans l'ébénisterie et la marqueterie.

Chemin de fer don Pedro II, à Rio-de-Janeiro.

Expose les bois qu'il exploite par le fait du défrichement des terrains où doit passer la voie. Ces bois consistent surtout en essences utilisables pour matériel fixe de chemin de fer.

En raison des prix auxquels certaines de ces essences peuvent être rendues à Rio-de-Janeiro, une lutte sérieuse pourra s'établir, dans un prochain avenir, entre ces bois et ceux de notre production indigène.

RÉPUBLIQUE DOMINICAINE.

MÉDAILLES D'OR.

M. Battle (*Cosme*), à Porto-Plata.

Propriétaire d'immenses terrains, M. Battle expose des bois d'acajou d'une rare beauté, exploités sur ses propriétés.

Cette maison fait un commerce d'importation avec la France, se chiffrant par plusieurs millions.

M. Ginebra (*José*), à Porto-Plata.

Grande maison d'importation faisant un commerce considérable avec la France.

M. Ginebra expose des bois de belle qualité et de grand débit, ainsi que de la cire végétale de Carnauba en pains d'un vert sumac.

MEDAILLE D'ARGENT.

Commission provinciale de Santo Domingo.

La commission provinciale de Santo Domingo a exposé une collection de beaux bois très appréciés pour les travaux d'ébénisterie.

ESPAGNE.

MEDAILLES D'OR.

MM. Casas y Bordas (Isern), de Séville.

Cette maison, fondée en 1834, expose des lièges en planches, carrés et bouchons; elle a des succursales à San-Félice de Quixols (province de Gérone), à Vilanova (Portugal) et à Rotterdam (Hollande), avec des dépôts à Hambourg, Londres, Lubeck, Magdebourg, Mayence, Stettin et New-York.

Elle possède, en toute propriété, 3,500 hectares de chênes-lièges, en Andalousie et Estramadure, exploite 15,000 hectares affermés produisant par an 1,400,000 kilogrammes de bouchons, achète, en plus, en Andalousie et Estramadure, 500,000 kilogrammes, en Portugal, 1 million de kilogrammes, soit ensemble, 2,900,000 kilogrammes.

Elle emploie constamment 100 ouvriers et jusqu'à 400 pendant les mois de juin, juillet, août et septembre.

Camara de commercio de Manila, îles Philippines.

Expose une remarquable collection d'échantillons commerciaux constatant l'intelligence et l'intérêt de la Chambre pour le développement du commerce des îles Philippines :

1° Sibucao supérieur et almaciga de Davao (Îles Philippines);

2° Gomme copal et quelques autres produits résineux;

3° Cire végétale, coprah et béjucos (rotins);

4° Une très importante collection de lianes.

MM. Andren frères et Cie, de San-Félice de Guixols
(province de Gérona).

Bouchons de liège. Cette maison a, à Londres, une succursale vendant, par an, 18 millions de bouchons et faisant l'exportation dans tous les marchés du monde.

La fabrication occupe 200 ouvriers.

Ayuntamiento et Camara de commercio de Palamos
(province de Gérona).

Bouchons de liège. En 1888, elle exporta, seulement par mer, 184 millions 1/2 de bouchons.

Possède 30 fabriques et emploie 76 ouvriers des deux sexes.

MÉDAILLES D'ARGENT.

M. Puig Uson (Antonio), à Barcelone.

Travail de vannerie en jonc très remarquable. Paniers de différents modèles d'une très grande souplesse. Belle exposition.

M. Marti y Vintró (José), à Palafrugelle.

Expose un tableau nobiliaire de l'Espagne taillé en liège d'une dimension de 1 m. 70 × 1 m. 35.

Ce tableau porte le grand écusson d'Espagne, le collier de la Toison d'or et celui de Charles III, les écussons des quarante-neuf provinces espagnoles et des chefs-lieux de districts, la chronologie des rois d'Espagne depuis Ataulfo, les écussons de l'aristocratie espagnole, ceux des *royales Maestranzas* et des ordres militaires et civils. Il porte aussi la date de la Révolution de 1868, consignant les principes qu'elle proclama et les noms des chefs les plus remarquables.

Au centre de la bordure supérieure, se trouvent l'écusson de la ville de Gérona et, en bas, celui de la ville de Palafrugelle où le tableau a été taillé. Tous les écussons sont de la plus grande exactitude héraldique.

A l'exécution de ce travail d'art et de patience, l'auteur, M. Vintró, docteur en médecine, a consacré quatorze ans.

MM. Perez (J.) et fils.

Assez importante exposition de vannerie.

ÉTATS-UNIS.

MÉDAILLES D'OR.

Ministère de l'agriculture.

Expose une collection importante de bois et graines, un herbier.

Spécimens très complets des différentes particularités que présentent les arbres de haute futaie en Amérique, des panneaux de bois fourchus et ramageux, comme aussi des panneaux de bois propres à la menuiserie.

M. Jackson (Arthur).

L'exposition de M. Jackson se compose de spécimens de bois de la Floride au nombre de 124, représentant les bois d'ébénisterie, à brûler, à bâtir et propres à la construction des vaisseaux.

Il expose également des colophanes, huiles et essences de térébenthine.

MM. Korbel et frères (California Redwood Lumber association).

Cette Société, dont les affaires sont considérables (50 millions), a commencé à expédier au port de Marseille comme première tentative d'importation en France.

Elle expose des spécimens de plateaux de sequoia gigantea (redwood) provenant des forêts dont les photographies sont annexées, du bois rouge de construction de San Francisco et d'Euréka (Californie).

Ce bois est très durable, s'emploie facilement, se polit bien et ressemble au mahagony dont le prix est dix fois plus élevé.

La maison Korbel et frères possède une scierie de la force de 200 chevaux et occupe 320 ouvriers.

MÉDAILLES D'ARGENT.

Massachussets (*Society for promoting agriculture*), à Boston.

Collection de planches coloriées et d'herbiers très intéressants.

M. *Rothrock* (*J.-A.*), *professor of biology, university of Pennsylvania*, à Philadelphie.

M. Rothrock a soumis à notre examen une très instructive collection de photographies d'arbres.

MM. *Acmé et Cie*.

Cette maison expose des étoupes de pin pour la fabrication de cordages et tissus grossiers.

GRANDE-BRETAGNE.

MÉDAILLES D'OR.

Victoria, Australie.

La colonie de Victoria présente, par l'intermédiaire du département de l'agriculture de la Grande-Bretagne, une magnifique exposition composée de rondelles de madriers et de plateaux vernis ou non vernis des bois destinés à la menuiserie ou aux grandes constructions civiles.

Nous remarquons les *eucalyptus globulus, polyanthema* oblique, *hemiphloia, nostrata, amygdalina, leucoxyloa* en madriers de 1 mètre à 1 m. 20 de largeur;

Un spécimen de tronc d'*eucalyptus odorata* ayant séjourné seize ans dans l'eau et présentant toutes les apparences d'une parfaite conservation;

Des plateaux de *fagus Cunninghami;*

Des plateaux d'*eucalyptus cosrata* de 1 m. 30 de largeur; enfin de la menuiserie massive de *lomata Fraseri* de toute beauté.

Les arbres qui ont fourni ces échantillons ne paraissent pas âgés de plus de 60 à 80 ans.

A côté de cette exposition industrielle, nous avons examiné une collection de cabinet composée de toutes les essences sylvestres de la contrée, en madriers vernis sur lesquels un artiste a peint un rameau de l'arbre d'origine nous en montrant la tige, la feuille, la fleur et le fruit.

Gouvernement de la Nouvelle-Zélande.

Ce Gouvernement expose de très beaux bois d'ébénisterie d'une grande valeur.

Une collection importante d'*eucalyptus* présentée avec la fleur peinte.

L'étude de ces spécimens paraît avoir un grand intérêt au point de vue de l'acclimatation qu'on pourrait faire de l'*eucalyptus* dans certaines de nos colonies.

TECHNOLOGICAL MUSEUM.

Belle exposition de beaux bois d'*eucalyptus* et autres très bien présentés.
Collection d'un grand intérêt.

M. le baron VON MULLER (*Frédéric*), Victoria (Australie).

Très belle exposition d'échantillons de bois présentés sous la forme de volumes.
Beaux herbiers et photographies montrant, dans toutes ses variétés, la flore australienne.

MÉDAILLE D'ARGENT.

M. HOPTON (*Thomas*), Grande-Bretagne.

M. Hopton expose de beaux spécimens de divers bois préparés pour la confection des roues de carrosserie tels que jantes, moyeux, raies, etc.

GUATÉMALA.

MÉDAILLES D'OR.

GOUVERNEMENT DU GUATÉMALA.

Le Gouvernement du Guatémala présente de beaux échantillons de bois de construction qui ne peuvent être utilisés que sur place, en raison de l'élévation des frais de transport.

M. NANNE (*Guillermo*).

M. Nanne, directeur du chemin de fer central, expose de beaux bois à ouvrer; mais ces bois n'ont ni les dimensions, ni le grain nécessaire pour être utilisés en France. De plus, les frais de transport s'opposent à ce qu'ils puissent faire concurrence à ceux qui y sont actuellement employés.

JAPON.

MÉDAILLE D'OR.

MINISTÈRE DE L'AGRICULTURE (École de Komaba).

Cette école expose des échantillons de bois de 12 centimètres carrés et une belle collection de paniers de formes élégantes et variées finement tressés.
Les bois ne peuvent être employés en Europe en raison des frais considérables de transport.

MEXIQUE.

GRAND PRIX.

GOUVERNEMENT DU MEXIQUE.

L'exposition de ce pays montre d'une manière très complète sa richesse forestière.

Elle comprend de nombreux échantillons de bois d'ébène, d'acajou, de cèdre, de gateado, de rose, de chêne et de beaucoup d'autres espèces qui sont employées pour la construction et l'ébénisterie.

A côté des bois d'acajou et de cèdre en billes et en madriers, on remarque des vitrines destinées aux autres produits, construites au moyen de ces mêmes bois, ce qui permet, en même temps, de se rendre compte des avantages généraux qu'ils peuvent présenter, tant au point de vue des dimensions et du grain, qu'à celui de l'aspect du bois travaillé.

Il y a là une idée d'ensemble très heureuse et dont il convient de féliciter tout particulièrement M. le général Carlos Pacheco, Ministre des travaux publics et de l'agriculture au Mexique, à qui est due, en grandè partie, l'exposition des bois mexicains.

Le manque de voies ferrées a empêché, jusqu'ici, le développement que les industries forestières sont susceptibles d'acquérir et a été la cause de ce que, dans beaucoup de localités du Mexique, on a fait usage, comme combustible, des bois d'ébénisterie.

Mais, maintenant que le Mexique dispose de 9,000 kilomètres de voies ferrées en exploitation, on commence à faire la juste distinction entre les bois qui doivent être employés comme combustible comme bois de construction et bois d'ébénisterie.

L'exportation des bois fins tels que: ébène, acajou, cèdre, gateado et rose, est montée l'année dernière à plus de 20 millions de francs.

La formation, dans un pays aussi grand et si peu exploré, d'une collection si vaste et si complète de toutes les essences forestières qui y croissent, peut être considérée comme un immense travail et un service important rendu à l'industrie européenne en lui faisant connaître des bois nouveaux dont quelques-uns sont véritablement très remarquables.

MÉDAILLES D'OR.

M. LEETCH (R. H.).

Très belle exposition de bois d'ébénisterie usuellement employés.

MM. ROMANO Y Cᵃ.

Belle exposition de bois d'ébénisterie très bien présentée.

GOUVERNEMENT DU YUCATAN

Très beaux produits bien présentés; bois d'une remarquable qualité.

MÉDAILLES D'ARGENT.

GOUVERNEMENT DES ÉTATS DE OAXACA, DE COLIMA, DE MICHOAGAN, DE TABASCO,
et M. Francisco Rubin.

Très belles expositions de bois d'ébénisterie, de constructions et divers présentant un grand intérêt.

NICARAGUA.

MÉDAILLE D'OR.

GOUVERNEMENT DU NICARAGUA.

Les bois exposés sont utilisés dans le pays pour tous les travaux de construction et de menuiserie.

Leur densité considérable paraît les rendre impropres aux mêmes usages en Europe où ils seraient réservés à l'ébénisterie.

Les principales essences exposées sont le corocillo, le cédro, le zopilote, le coprinillo, l'encinillo, le guayacan, le malsanillo, le guacamayo. L'exploitation des bois de teinture jaunes du Nicaragua est de beaucoup la plus importante du monde entier.

Pendant les trois dernières années, sur une importation totale de 47,792 tonnes, le Nicaragua seul a fourni 41,239 tonnes dont 85 p. 100 pour la France.

NORVÈGE.

MÉDAILLES D'OR.

M. SELMER (*Marius*).

M. Selmer expose des échantillons de bois et des herbiers.

Il a lutté énergiquement contre les paysans et propriétaires de forêts à l'effet de les faire renoncer à *couper à blanc,* ce qui serait à bref délai la ruine des contrées forestières de Norvège.

M. THAMS, à Orkedalen.

Dans le jardin du palais, M. Thams expose une maison démontable en pin et sapin, et dans laquelle le commissariat de la Norvège a installé ses bureaux.

Les bois employés sont ceux pris tout venants dans les sciages. C'est donc un type absolument commercial.

A l'intérieur, des modèles ingénieusement présentés laissent voir le mode d'assemblage des madriers.

Ces constructions se font soit en madriers pleins, soit par la superposition de deux ou trois madriers refendus dans lesquels on fait alterner le sens de la fibre du bois et entre lesquels on interpose souvent une feuille imperméable.

Une petite laiterie montée suivant les mêmes procédés est annexée à cette construction.

Les produits d'exportation les plus importants qui nous ont été présentés sont les planches de caisses d'emballage, en sapin, expédiées en boîtes non clouées; dans celles destinées au transport de la dynamite, les ajustages des faces sont préparés par une dentelure en queue d'aronde.

Maison faisant un chiffre d'affaires d'exportation assez important.

PARAGUAY.

GRAND PRIX.

GOUVERNEMENT DU PARAGUAY.

Tout le territoire du Paraguay est couvert de forêts renfermant des bois durs et fins de toute beauté.

Ces bois peuvent aussi bien servir pour l'ébénisterie que pour les constructions navales, les chemins de fer et les télégraphes. Certains sont utilisés par la médecine et la teinturerie.

Parmi ces essences, il y a lieu de mentionner le guyacan (gayac), le palo santo dont le bois et la résine sont très recherchés pour différents usages.

Le lapacho dont la fumée répand un parfum agréable et tue les insectes.

Le sebil dont l'écorce est le sumac qui sert à tanner les cuirs.

Le quinquina si utile pour la médecine, la parfumerie et l'ébénisterie.

Le caroubier dont le bois et le fruit sont très appréciés.

On peut citer également : l'acajou, le cèdre, le jacaranda, le carapay, résistant aux variations atmosphériques, l'urunday, inaltérable à l'eau, le laurel, le quebracho rouge, jaune ou noir.

Les baumes et les résines que les forêts de ce pays produisent sont d'espèces abondantes et variées ; on y trouve le copahu, l'épurge, l'amandier, l'encens, la gomme élastique, etc.

Tous les terrains qui bordent les deux rives de la rivière du Paraguay sont couverts de palmiers qui servent à toutes sortes d'usages.

Le Gouvernement de la République du Paraguay expose une collection de prismes et de rondelles de bois indigènes, d'un usage indéterminé, pour la consommation continentale.

Ces bois d'une densité généralement considérable paraissent devoir donner, employés dans l'ébénisterie, les plus beaux résultats.

Il expose, en outre, de belles fibres textiles de diverses espèces de cocos employées pour cordages ; on y remarque celle de Ubocaya, de Pindo, de Pacoba et Bombas.

Des écorces tannantes et tinctoriales provenant de trois espèces de quebracho, etc.

PORTUGAL.

GRAND PRIX.

GOUVERNEMENT DU PORTUGAL.

Le pavillon portugais, situé sur la berge de la Seine, est un des spécimens les plus artistiques du style Louis XV portugais. Il est dû à M. Achille Hermant, architecte des travaux du département de la Seine.

L'exposition forestière du Portugal est des plus complètes; on y trouve des bois excellents qui sont employés pour la construction, la menuiserie et l'ébénisterie.

La production forestière par excellence du Portugal est le bois de chêne-liège dont il fait un commerce considérable d'exportation.

C'est à M. le vicomte de Mélicio, pair du royaume, qu'est due la participation du gouvernement portugais à l'Exposition universelle de 1889.

Les progrès accomplis depuis l'Exposition de 1878 sont remarquables. Le commerce du Portugal s'est accru considérablement, et les idées libérales commencent à prévaloir dans le système économique de ce pays. Depuis 1865, la valeur de l'exportation a été constamment supérieure à celle de l'importation.

MÉDAILLES D'OR.

S. A. R. le duc de Bragance, à Monte Mor-O-Nove.

Expose du liège de première, deuxième et troisième qualité provenant des domaines de Villa-Viçosa et de Vendas-Novas.

S. A. R. le duc de Bragance est un des plus grands producteurs de liège du Portugal.

Tous ses travaux agricoles le placent en première ligne comme exposant.

MM. Forte (F.) et Fragoso (Fernandes), à Pétubal.

Fabricants très importants. Exposent des planches de fort beau liège et des bouchons de différentes qualités.

La production de cette fabrique est de 500,000 kilogrammes de liège en planches et 10 millions de kilogrammes de bouchons.

Commerce d'exportation.

M. Mira (José Paulo), à Evora.

Grand propriétaire. Expose des planches de liège brutes et préparées provenant de ses propriétés d'Azaruya, dont la production est de 90,000 à 105,000 kilogrammes.

Le prix est de 5 fr. 50 à 7 fr. 40 les 15 kilogrammes.

Tous ces lièges sont d'excellente qualité.

MM. Quintella et Cie, à Lisbonne.

MM. Quintella et Cie possèdent des fabriques à Lisbonne, rue de Bica do Sapato, 46, et à Sines.

Ces deux fabriques ont été fondées, en 1836, par MM. Biester, Campos et Cie, et ont été acquises, en 1878, par MM. Quintella et Cie, avec le privilège de l'ancienne marque B. C. C. bien connue et renommée dans tous les marchés de liège de l'Europe et de l'Amérique du Nord.

La fabrication des bouchons est, en grande partie, mécanique.

La maison Quintella expose des planches de liège préparées et des bouchons de trente-neuf types, depuis les plus fins pour la pharmacie jusqu'aux plus ordinaires.

L'importance de leur production annuelle est de 166,000 francs pour les bouchons et de 1,111,000 francs pour les planches préparées.

MM. VILLARINHO et SOBRINHO, à Silves-Algarve.

Exposent des planches préparées et des bouchons de différentes qualités, dont les prix varient depuis 1 franc jusqu'à 26 fr. 65 les 15 kilogrammes.

Cette fabrique est la plus importante de l'Algarve; sa production moyenne annuelle est de 1,200,000 francs.

Nous avons examiné avec le plus grand intérêt un tableau en liège encadrant le portrait du fabricant; travail remarquable qui a permis au jury de juger de l'excellente qualité du liège employé.

COMMISSION CENTRALE PORTUGAISE.

La Commission centrale portugaise expose une collection de bois des forêts de l'État très complète, sous forme de billes refendues, en partie vernies, et de rondelles permettant d'apprécier la qualité des essences suivant deux faces; ces essences sont, pour la plupart, celles du continent européen.

Comme renseignements industriels, l'administration forestière présente une collection de pieux enfouis à toute profondeur pendant dix, quinze et vingt ans, afin de démontrer la résistance des bois divers à la pourriture en vue de leur utilisation aux étais de mine, poteaux et traverses.

Une fort belle collection de bois d'industrie, sous forme de larges plateaux de chêne, orme, peuplier, bouleau et pin, est accompagnée de rondelles indiquant les sciages les plus usités, tandis que des photographies présentent l'aspect général de l'arbre.

Un spécimen de navire montre l'emploi des essences communément employées dans les différentes parties de sa construction.

Les produits résineux exposés sortent de la fabrique de Marinho Grande appartenant à l'État.

La récolte de la gomme, dans la dernière année, a produit 222,500 kilogrammes.

Belle exposition d'ensemble ayant un caractère pratique et industriel très tranché.

BANQUE COLONIALE PORTUGAISE, à l'île de Saô-Thome et à Lourenço-Marques.

Aux termes de son règlement, cette banque reçoit des produits coloniaux cotés sur les marchés européens au lieu de monnaies.

Les produits exposés par cette banque et ses agences proviennent de l'île de Saô Thome, d'Angola et de Mozambique.

Ce sont : des orseilles différentes, de l'indigo, des résines diverses, des gommes copal.

On remarque aussi une belle collection d'objets de bois travaillé, de paniers, paillassons, fruits de palmier et de cocotier.

MUSÉE DES COLONIES, à Lisbonne.

Ce musée expose 450 échantillons de bois provenant des provinces d'Angola, Cap-Vert, Saint-Thomas et Prince, Mozambique, Guinée portugaise, Inde portugaise et Macao, et une importante et complète collection de résines, gommes, gommes-résines de tous les districts des provinces coloniales portugaises.

Il expose aussi des objets en bois ouvrés par les indigènes de l'Afrique, des paniers, des paillassons, nattes, etc.

MÉDAILLES D'ARGENT.

M. Carvalho (*Francisco Cordeiro Namorado*), à Fonteira.

Expose des planches de liège de très belle qualité provenant de ses propriétés.
La production annuelle s'élève, en moyenne, à 45,000 kilogrammes.

M. Fullento (*Matheus Guerra*), à Bemporta-Magadouro.

Expose des planches de liège d'excellente qualité provenant de ses propriétés.

M. Marciochi (*Francisco Simoes*), Monte das Flores, à Evora.

Grand propriétaire. Expose des lièges de première à sixième qualité, dont le prix varie de 4 fr. 70 à 6 fr. 95 les 15 kilogrammes.
Sa production s'élève à 90,000 kilogrammes par an.

MM. Silva et Filhos (*José Luiz*), *propriétaires et négociants*, Provença a Nova.

Exposent des échantillons de liège d'excellente qualité dont le prix franc, sur navire, à Lisbonne, varie depuis 9 fr. 90 jusqu'à 15 fr. 80 les 15 kilogrammes.
La production annuelle est de 16,000 kilogrammes.

M. Jacintho (*José*), à Almodovar.

Expose des planches de liège de première qualité, dont le prix, sur le lieu de production, est de 6 francs les 15 kilogrammes.
La production moyenne de ses propriétés est, annuellement, de 7,500 kilogrammes.

ROUMANIE.

MÉDAILLES D'ARGENT.

M. Poumay (*Gustave*), à Craïova.

M. Gustave Poumay expose les produits de l'exploitation à blanc étoc, ou à peu près, de trois forêts : Seaca, Celatoi Nubei, district Volju, dont il est concessionnaire du Gouvernement roumain.
L'importance de cette concession paraît être de 6,000 mètres cubes de chêne, environ, qui sont entièrement débités en merrains et expédiés sur la France par le Danube; ils ont comme destination les ports de Cette et de Bordeaux, où le commerce local absorbe tout le stock expédié.
Les douves exposées sont de diverses longueurs, variant entre 1 et 3 mètres, et de toute beauté; elles sont présentées, en partie, telles que l'outil du fendeur les a données, et la netteté de la face apparaît dans toute sa fraîcheur.
Ces douves sont expédiées à l'épaisseur de 0 m. 03 pour être refendues en deux par le commerce local.

Quelque déplorable que soit l'exploitation de ces forêts au point de vue forestier, nous sommes forcés d'en apprécier les magnifiques produits comme ils le méritent, tout en regrettant qu'on n'ait pas mieux ménagé l'avenir.

M. *le général* FLORESCO, *à* Bucharest.

Expose de très belles et très grosses ronces de noyers.

L'exploitation de ces arbres, dont les dimensions sont énormes, est réglée d'après un aménagement régulier par volume. Ce n'est pas une exploitation accidentelle dont un produit monstrueux est exposé, mais bien l'échantillon d'une exploitation régulière.

Ces bois sont très recherchés et débités en plateaux pour l'Autriche ou achetés par la menuiserie locale.

Les chênes, variant entre o m. 70 et o m. 80 de diamètre, offrent les apparences d'une belle végétation. Les accroissements sont lents, mais réguliers.

RUSSIE.

MÉDAILLE D'OR.

M. KRIEGSMANN, *à* Riga.

La maison désignée sous ce nom, au catalogue, est la propriété de M. Sturz, de Riga.

Ce commerçant possède une très importante fabrique de bouchons; il occupe 1,600 ouvriers, et achète annuellement en Algérie pour 1,500,000 francs de liège.

C'est principalement à son initiative que notre colonie est redevable de l'importance de ses exportations.

MÉDAILLES D'ARGENT.

M. SCHLESINGER, *à* Dubena-Jakobstadt.

M. Schlesinger présente une magnifique exposition de bois d'allumettes provenant du tranchage du tremble ou débités à la filière, de beaux feuillets de hêtre pour baquets, seaux ou grandes boîtes, des douelles en hêtre pour salaisons, des feuillets de jalousie.

Tous ces produits sont très remarquables et indiquent une exploitation importante et habilement dirigée.

L'exposant donne les renseignements suivants.

Dans l'usine de Dubena (Courlande), il fabrique 30,000 caisses de bois d'allumettes par le procédé du tranchage circulaire; le feuillet est ensuite découpé à longueur et à épaisseur par des machines dites *guillotines;* le chiffre d'affaires est de 900,000 francs.

Dans l'usine de Wiborg (Finlande), il fabrique les mêmes produits; l'exploitation est la moitié de la précédente.

Toutes ces allumettes sont vendues partie en Russie et le reste exporté sur tout le continent.

L'usine d'Urbowsko (Croatie [Autriche-Hongrie]) est réservée au tranchage circulaire de feuillets minces, essences hêtre, peuplier, cèdre. Elle débite 30 mètres cubes par jour.

Elle fabrique spécialement des caisses à oranges pour la Sicile, à raisins et figues pour Smyrne, des tonneaux pour matières sèches, des boîtes à cigares pour la régie des tabacs.

Chiffre d'affaires : 700,000 francs.

FABRIQUE D'ALLUMETTES, à Tammerfors.

Bois coupés pour allumettes.

SALVADOR.

MÉDAILLE D'OR.

GOUVERNEMENTS DE SALVADOR ET DE LA UNION.

Ces Gouvernements exposent de nombreux échantillons d'essences forestières usuelles dans le pays, mais dont l'introduction en France ou en Europe serait trop onéreuse pour pouvoir entrer en lutte avec nos bois de construction.

Les bois d'ébénisterie seraient aussi d'un emploi difficile en raison de leur extrême dureté et de leurs dimensions restreintes.

Nous reconnaissons néanmoins que l'État de Salvador a fait les plus louables efforts pour nous présenter les produits qui ont fait l'objet de notre examen.

SERBIE.

MÉDAILLE D'OR.

MINISTÈRE DE L'AGRICULTURE ET DU COMMERCE (*Section forestière*), à Belgrade.

Le Ministère de l'agriculture (section forestière) expose une collection d'échantillons de bois des forêts de Serbie : chêne, hêtre, noyer, bouleau, etc.

Les dimensions des produits exposés sont assez considérables pour qu'on puisse apprécier le choix judicieux qui a présidé à leur envoi.

On remarque des plateaux de chêne, des merrains et des planches.

Cette exposition est utile, comme renseignement, sur les qualités des bois de Serbie.

SUÈDE.

MÉDAILLE D'OR.

LA SOCIÉTÉ DA LIGNA, à Stockolm.

(Représentée à Paris par M. VASSEUR (Francis), rue du Faubourg-Saint-Denis, 142.)

Cette Société a créé un vaste établissement occupant 300 ouvriers, muni de toutes les machines-outils perfectionnées.

Elle exporte, sur tout le continent et dans l'Amérique du Sud, des portes, fenêtres, parquets, moulures et enfin des maisons démontables dont un spécimen exposé résume l'ensemble de l'industrie.

Elle emploie le pin, le sapin et le chêne pour encadrement.

L'industrie de l'exportation des bois de menuiserie prêts à être employés, après avoir eu un développement considérable, a baissé depuis cinq ans de 30 p. 100 environ, principalement en France.

Aujourd'hui, la Société a développé son commerce dans le sens de la fabrication des maisons démontables employées pour habitations agricoles, villas, chalets, écuries, chapelles, hangars, etc.

Les détails du pavillon présenté sont excessivement soignés, les murs ou parois sont formés de trois madriers superposés avec intersection de la fibre du bois de planche à planche; une feuille de carton asphaltique est serrée sous le premier recouvrement.

Les bois employés sont tellement irréprochables que le jury fait remarquer que ce spécimen ne saurait être considéré comme type de vente courante; un choix a dû être fait dans des milliers de mètre cubes.

A l'intérieur, nous avons examiné des modèles de persiennes à l'américaine, portes, fenêtres, un sapin avec encadrement de chêne d'une grande perfection d'exécution.

Cette exposition résume brillamment les produits divers d'une grande industrie.

VÉNÉZUÉLA.

MÉDAILLE D'ARGENT.

COMMISSION DE MARACAÏBO.

Intéressante collection de bois de buis présentée par le docteur Alexandro Andrade.

Cette essence est employée pour la fabrication des articles qui n'exigent ni le poli parfait, ni la belle couleur des buis d'Orient.

CONCLUSION.

Telles ont été, exposées dans leur ensemble et par le détail, les opérations du jury de la classe 42.

L'idée générale qui s'en dégage et qui doit résumer toutes les appréciations du jury est celle-ci :

Les pays étrangers, qui ont répondu à l'appel de la France les convoquant à exposer chez elle les produits de leurs forêts et des industries du bois, ont assurément présenté des expositions remarquables dans l'ensemble et dans les détails, à l'éloge des initiatives publiques ou des efforts privés; le jury leur a témoigné sa satisfaction en leur décernant les récompenses qui leur étaient dues.

Il gardera un souvenir favorable de ceux mêmes à qui le nombre des récompenses mises à sa disposition ne lui a pas permis de donner un témoignage officiel de sa bonne impression.

Mais, il faut le dire, l'exposition de la classe 42 a mis surtout en relief la supériorité de la France au point de vue des produits forestiers et des industries du bois.

L'étendue de nos territoires forestiers plus que doublée en trente-neuf ans, la production de nos forêts quatre fois plus rapide et, en conséquence, quatre fois plus abondante que celle des forêts étrangères, tous ces avantages nous mettent à l'abri des craintes que le dépérissement des forêts inspire aux autres pays, aux pays scandinaves, par exemple.

Nous n'avons à emprunter à l'étranger que les bois d'ébénisterie; les autres nous sont fournis par nos forêts, avec une abondance qui va toujours s'accroissant et qui permet à celles de nos industries nationales qui travaillent le bois de ne pas craindre le chômage, de fournir à la consommation du pays et d'exporter leurs produits dans le monde entier.

C'est là un heureux résultat dont il nous est permis de nous féliciter, sans crainte de nous voir taxer de partialité, puisque nous avons hautement reconnu et proclamé les mérites incontestables des produits exposés par les nationalités étrangères dans la classe 42.

TABLE DES MATIÈRES.

	Pages.
Composition du jury	5
Produits des exploitations et des industries forestières	7
Récompenses accordées	10
Exposants hors concours	10
France	10
République Dominicaine	14
Norvège	14
Exposants récompensés	15
France	15
Colonies et pays de protectorat	22
République Argentine	27
Autriche-Hongrie	31
Belgique	32
Brésil	33
République Dominicaine	35
Espagne	36
États-Unis	37
Grande-Bretagne	38
Guatémala	39
Japon	39
Mexique	40
Nicaragua	41
Norvège	41
Paraguay	42
Portugal	42
Roumanie	45
Russie	46
Salvador	47
Serbie	47
Suède	47
Vénézuéla	48
Conclusion	49